SERIES OF STUDIES
ON
CHINESE
CONFUCIUS
TEMPLES

中国文庙研究丛书

总 主 编 周洪宇

副总主编 赵国权

国家出版基金项目
NATIONAL PUBLICATION FOUNDATION

A
STUDY
ON
JIANSHUI
CONFUCIUS
TEMPLE

建水文庙研究

付 睿 著

山东教育出版社
·济南·

总序

　　德国哲学家雅斯贝尔斯在其所著《历史的起源与目标》一书中，曾提出人类文明的"轴心时代"这一命题，即在公元前500年左右，古希腊、以色列、中国和印度，都处在人类文明的重大突破期，都出现了伟大的精神导师，诸如古希腊的苏格拉底、柏拉图、亚里士多德，以色列的犹太教先知们，古印度的释迦牟尼，中国的孔子、老子等，他们的思想一直影响至今。但相比较而言，孔子更具有代表性，其所创立的儒家思想不仅影响中国社会两千多年而从未中断过，且被后世创造性地转化为物质载体即文庙。如同"四书五经"一样，文庙在儒学传承中扮演着不可或缺的角色。尤其是文庙与官学或书院融合后，形成了中国历史及儒学文化史上特有的"庙学合一"或"庙学""学庙"现象，也使得文庙作为儒家文化的标志性符号，以其独特的精神特质深刻影响着中国的政治生态、社会生态、文化生态和教育生态，还辐射到周边及欧美不少国家和地区，至今仍彰显其强大的生命力，成为国内外学术界热议不休的历史"活化石"。

壹

据史料记载，主祀孔子的庙宇有文庙、孔庙、学庙、庙学、学宫以及宣圣庙、至圣庙、夫子庙、先师庙、先师殿、大成殿、礼殿、燕居堂、中和堂等不同的称呼，然最流行、最常用的就是文庙和孔庙，因而一些权威的大型工具书在对文庙、孔庙加以解读时，不同程度地认同文庙即孔庙、孔庙即文庙。如商务印书馆修订本《辞源》解释说，孔庙在"明清时也叫文庙"，文庙即孔子庙，"元明以后通称文庙"。[①]顾明远主编的《教育大辞典》认为，孔庙"亦称文庙"，文庙"即孔庙……元以后多称文庙"。[②]近人的学术论著中也多持此意见，这主要是基于对主祀孔子这一历史存在的认同。

"文庙"一词，较早见于《南齐书》。齐高帝时的尚书右仆射王俭，针对明堂与郊祀之礼，曾引用《郑志》中赵商与郑玄的一番对话，赵商问曰："说者谓天子庙制如明堂，是为明堂即文庙邪？"[③]《新唐书》中又有"汉孝惠、孝景、孝宣令郡国诸侯立高祖、文、武庙"[④]的记载。汉惠帝刘盈乃刘邦之子，西汉第二位帝王。可见，在西汉初年就有文庙的称呼，只是此时的文庙与孔子及其被封为"文宣王"没有必然联系。

在古汉语中，"文"与"武"是相对的一组概念。按古制，凡有功于社稷的文臣武官，均可设庙祠以祀。如主祀姜子牙的武成庙、主祀岳飞的岳飞庙、主祀关羽的关帝庙等，都属于"武庙"。而主祀姬旦的周公庙、主祀孔子的孔庙、主祀孟子的孟庙、主祀颜回的颜庙、主祀子思的子思庙、主祀曾参的曾子庙，以及孟子游梁祠、子贡祠、武侯祠、包公祠、

[①] 商务印书馆编辑部编：《辞源》，商务印书馆1979年版，第778、1362页。

[②] 顾明远主编：《教育大辞典》第8卷，上海教育出版社1991年版，第152页。

[③]《南齐书·礼上》。

[④]《新唐书·高郢传》。

范公祠等，都属于文庙。且武庙与文庙各有其配享及乐舞礼制，如《宋书》所载，曹魏时期"制《武始》舞武庙，制《咸熙》舞文庙"[1]。尤其是自唐宋以后，各地既建文庙又建武庙。因此，广义上的文庙，是一种与武庙相对的、主祀有功文臣或先儒先贤的礼制性建筑，体现出历朝历代"文治"的政治意图，负载有"价值判断和意识形态韵味"[2]，属于文化史学研究的范畴。而狭义上的文庙，则单指主祀孔子的礼制性建筑，亦即孔庙，也就是本丛书所论及的文庙。

就狭义上的文庙来说，史料及后世文献多以孔庙相称，明清尤甚。这是因为孔子乃"文道"之奠基者。自汉初始统治者就开始推崇孔子及其创立的儒学，汉高祖刘邦路过曲阜时还"以太牢祠焉"[3]。汉武帝"独尊儒术"后，儒学便一跃成为官方哲学，在其后上千年的发展历程中，孔子犹如道教尊老子、佛教尊释迦牟尼一样被推上神坛，或被追封为"文宣王"，或被奉为"万世师表"，主祀孔子的礼制性建筑文庙也逐步遍设于京师及全国各地。

按所承载的功能，文庙可以分为四类：

一是国庙。这是由帝王代表国家祭拜孔子的礼制性建筑，主要是设于京师的皇家孔庙。曲阜孔庙在京师未设孔庙之前曾一度扮演国庙的角色。

二是家庙。家庙是孔子家族的宗庙，如曲阜孔庙、浙江衢州孔庙以及河南郏县文庙（既是家庙又是学庙）等。

三是学庙。因庙设学、因学设庙或庙学同建，形成"庙学合一"的格局，具体是指与各级官学及书院直接相关的主祀孔子的庙宇，因而也多被称为"庙学"。明清时期多被称为文庙，如上海文庙、苏州文庙、郏州文庙等。还有被称为学宫的，如广东的番禺学宫、海南的文昌学宫等。此类文庙数量庞

①《宋书·乐一》。
②［英］海伍德：《政治学核心概念》，吴勇译，天津人民出版社2008年版，第4页。
③《史记·孔子世家》。

大，除少量的国庙、家庙、村庙外，其余的全部是学庙。

四是村庙。凡是学庙普及不到的边远地区，地方官员为推崇弘扬儒学、满足民众对圣人孔子的崇拜和对儒家文化信仰的需求，便在人口聚集区的村镇设孔庙奉祀孔子及有功于儒学的先儒先贤，可称之为"村庙"。如福建连城县培田村有一处清乾隆四十四年（1779年）所建的"文武庙"，文庙和武庙建在一栋两层阁楼内，下层武庙祀关羽，上层文庙祀孔子。在中原一带，多有因孔子圣迹所到之处而建的纪念性孔庙，如河南永城的芒砀山夫子庙是为纪念孔子在此避雨晒书而建的，河南淮阳的弦歌台为纪念孔子在此绝粮依然"弦歌不衰"而建（附有书院，亦为学庙）等。村庙数量不多、规模不大、建制不一，但与其他文庙一样承载着传承儒学与社会教化的功能。

贰

文庙起始于何时，学术界众说纷纭，或言早至春秋，或曰晚至唐朝。但无论始于何时，它总有一个产生、发展及演变的过程，其历史积淀也足以占据儒学发展的半壁江山。

文庙的雏形当从曲阜因宅设庙始，即孔子去世后，其居室由后人奉为庙，"故所居堂、弟子内，后世因庙，藏孔子平生衣、冠、琴、车、书"，且在孔子冢祭奉孔子，"鲁世世相传，以岁时奉祠孔子冢，而诸儒亦讲礼、乡饮、大射于孔子冢"。[①]此时的曲阜孔庙虽属家庙性质，并非严格意义上的礼制性庙宇，孔子冢之学亦属私学，且孔庙与孔子冢不在一处，但毕竟是主祀孔子，又兼有私学活动，可称之为文庙雏形，实开文庙建制之先河。

①《史记·孔子世家》。

文庙与政治结缘、与官学融合，可追溯到东汉时期蜀郡重修的文翁石室（即蜀郡郡学）中的"周公礼殿"。据史载："蜀儒文章冠天下，其学校之盛，汉称石室、礼殿，近世则石九经，今皆存焉。"①可以说，蜀郡郡学中的周公礼殿实乃"中国古代庙学合一的最早范本"，"曲阜之外中国所建最早祭祀周公、孔子的机构"。②但这只是地方政府行为，尚未在全国实施，更是主祀周公，并非孔子。自汉武帝"独尊儒术"后，统治者把尊孔崇儒提到国家治理的高度，开始加封孔子及其后裔。永平二年（59年），汉明帝更是诏令郡县学校皆祀周公、孔子。这是首次以中央诏令的形式祭祀周公、孔子。

魏晋南北朝虽王朝更替频繁，加之佛道及玄学的冲击，但统治者的尊孔崇儒政策没有弱化，文庙礼制建设多有成就。如曹丕于黄初二年（221年）下令，"鲁郡修起旧庙，置百户吏卒以守卫之，又于其外广为室屋以居学者"③，还要求各地修葺孔庙，重开祀孔之制。东晋时在国子学"增造庙屋一百五十五间"④。北魏太武帝时"起太学于城东，祀孔子，以颜渊配"⑤，开创中央国学祭孔之制；孝文帝不仅在国都平城（今山西大同）创建孔子庙，开国都孔庙之先河，还下诏规范祭孔礼制，要求"自今已后，有祭孔子庙，制用酒脯而已"⑥等。

隋唐时期重新确立儒学及孔子的政治地位，文庙进一步规范化和制度化。唐高祖李渊于武德二年（619年）下诏在国子学中立周公、孔子庙，四时致祭。唐太宗李世民下令停祭周公，开国学文庙主祀孔子之先例；贞观二十一年（647年）开始确立追祀先贤先儒的制度，是年唐太宗下诏，以左丘明等二十二人配享文庙。开元八年（720年）唐玄宗下诏，以颜回等十哲从祀孔子，并塑为坐像；开元二十七年（739

① [宋] 席益：《府学石经堂图籍记》，见 [宋] 程遇孙等编《成都文类》卷30，文渊阁四库全书本。
② 舒大刚、任利荣：《"庙学合一"：成都汉文翁石室"周公礼殿"考》，载《四川大学学报（哲学社会科学版）》2014年第5期。
③《三国志·魏书二·文帝纪第二》。
④《宋书·礼一》。
⑤《魏书·世祖纪上》。
⑥《魏书·高祖纪上》。

年）追谥孔子为文宣王，追赠颜回为兖国公，其余九哲弟子皆为侯，另追赠曾参以下七十三人为伯，孔子自此开始被称"王"。自唐以来，庙学合一进程逐步推进，庙学之制更加完备，史载"唐开元间，定孔子为先圣庙，而衮冕南面，每岁春秋祀焉，由是庙学之礼益备，凡有学者必有庙，示其尊也"①。

宋元时期，文庙设置更为普遍，"宋兴，崇尚文治，吾夫子之祀遍天下"②。不仅是官学，还有自宋朝日益兴起的书院内也必崇祀孔子，"每个书院必塑有孔子及十哲的肖像，甚至图画七十二贤一同配飨"③。尤其是北宋至和二年（1055年），宋仁宗开加封孔子嫡长子孙"衍圣公"的先例；南宋绍兴十年（1140年），宋高宗诏令"以释奠文宣王为大祀"④，即规定祭祀孔子的礼仪与祭祀社稷的大礼相同，均为国家级的重大祀典。至元朝，元武宗加封孔子为"大成至圣文宣王"⑤；至明朝嘉靖年间，历经数百年的"孟子升格运动"，儒学的重要传承人孟子被正式封为"亚圣"。在此情况下，文庙遍及全国各地，"郡县有学，学必有庙"⑥。

明清时期，"文庙"这一称呼开始被广泛使用。朱元璋即位后，改称孔子为"先师"，洪武元年便"以太牢祀先师孔子于国学"⑦，还"诏天下通祀孔子"⑧。明永乐八年（1410年），不仅"令天下文庙圣贤衣冠绘塑不合古制者悉改正"⑨，且改学校先师庙为"文庙"，自此"文庙"之名盛行天下。至明末，全国各地所建文庙多达1560所。⑩清初，康熙帝亲笔御书"万世师表"匾额悬于文庙大成殿，这是历史上首次称颂孔子为"万世师表"，表达出统治者对孔子及儒学的敬仰之情，也昭示出儒学的文化力量。至清末，文庙增至1740多所。⑪

① 吴澄：《崇仁县孔子庙碑》，见《吴文正公集》卷15，台北新文丰出版公司1985年版。

② ［南宋］陈宜中：《学道书院记》，见《苏州府志》卷26，清光绪九年刊本。

③ 陈青之：《中国教育史》，商务印书馆1936年版，第195页。

④《宋史·高宗六》。

⑤《元史·武宗一》。

⑥［清］阮元：《两浙金石志·杭州路重建庙学之碑》。

⑦《明史·太祖二》。

⑧《明史·太祖三》。

⑨《明会典·卷八十四》。

⑩ 王贵祥：《明代不同等级儒学孔庙建筑制度探》，载《中国建筑史论汇刊》2012年第2期。

⑪ 刘新：《儒家建筑文庙》，中国建筑工业出版社2013年版，第18页。

　　清末开办新式学堂后，庙学开始分离，文庙由以往的祭祀与教学两大主要功能蜕变为单一的祭祀功能，没有了"官学"这一光环，其维修和保护自然会受到一些影响；但不能否认其大教育功能的存在，那就是继续承担着社会教化的重任，且依然是广大士子心仪向往的神圣殿堂。虽经风风雨雨，仍有不少的文庙得以较好或部分地保存下来。改革开放后，文庙作为优秀传统文化的重要组成部分而受到普遍关注，其资源的开发和利用也被提到日程上来，文庙发展又迎来了一个新的春天。据国家文物局《文庙、书院等儒家遗产保护利用现状调研报告》（内部资料）统计，截至2016年底，除内蒙古、西藏、宁夏及台湾、香港、澳门外，共有327处文庙列入省级重点文物保护单位和全国重点文物保护单位名录，其中国保级文庙为108处。此外，日本、韩国、越南等周边国家也有近100处文庙。可以说，文庙立足本土，辐射周边，形成足以和佛寺、道观相媲美的"儒庙景观"。

叁

　　自文庙登上中国历史的舞台，便开始发挥其独特的多元功能，影响到中国的政治生态、文化生态及教育生态。

　　毫无疑问，文庙的强势缘于与政治生活的结合。自西汉确立以儒治国后，魏晋至明清皆秉承儒治政统，不断提高孔子及儒学的地位，称孔子为"人伦之表"，称儒学为"帝道之纲"，为此不断地完善庙祀孔子的礼仪制度。期间，儒学确实遭受过不同学术流派的冲击，但因儒学自身的包容性与再生力，以及与政治生活的紧密联系，它在博弈中始终占据着权力的中心位置。历代各地文庙正是在这一儒化的背景下得以建造的，反过来又对政治生态起到一种固化作用。诸如每当因社会剧烈震荡带来道德秩序的破坏、所谓"不孝不悌之事，频见词诉"①之时，统治者都毅然决然地动用儒学来拯救社会道德的缺失。每当基业稳定之际，统治者又会诏令修建文庙以传承儒学，并利用文庙祭孔活动来"宣德化""正人心"。总之，要让"君君、臣臣、父父、子子"等伦理观念根植于官员及民众心中，杜绝一切"僭越"行为，借以维系和谐的政治生态。

基于与政治生活的结缘，文庙在一定程度上成为以儒学为主体的中国传统文化反映在现实中的物化形式。这一被物化的建筑群，与"四书五经"一样，具有同等重要的文化传承价值。如果说"四书五经"借助文本来传承儒家文化的话，那么文庙则是借助建筑、礼仪等起到文化传承的作用。诸如按照礼制，文庙建筑分别有九进、七进、五进、三进院落等，常与官学毗邻，庙中有学、学中有庙等，将古代的庙宇性建筑文化传承至今。又如文庙的祭祀活动，从供奉人物的选择、座序排列到祭祀时的祭器、祭品、礼服、礼仪、音乐、舞蹈等，无不在制造一定的场境和氛围，引发民众对儒学文化的认同，从而形成特有的文化基因和精神特质，以至祭祀文化代代相传，生生不息。

基于文庙与官学或书院的结缘，文庙的设施及祭祀活动又有"风励士子"的强大教化功能，足以使在读学子形成对师道和学业的敬畏感。这是因为文庙中的受祀对象，已成为道德、道统、学统的象征，是言谈举止、待人接物的标杆，更是一种精神文化的符号。那么在文庙内祭拜这些先圣先贤，足以"使天下之士观感奋兴，肃然生其敬畏之心，油然动其效法之念"②，亦即通过"营造出一种庄严肃穆的场景，

①［南宋］徐元杰：《延平郡学及书院诸学榜》，见《梅野集》卷11，文渊阁四库全书本。
②［清］庞钟璐：《缮写成帙恭呈御览仰祈》，见《文庙祀典考》卷50，清光绪戊寅家藏本。

使人们对先圣先师先贤等供祀对象的崇敬之情升华为一种神圣的体验"①。正是这种庄严肃穆的文化场景,使得诸生在先圣先贤像前"穆然而志专,徘徊乐之,不忍去也"②。从"穆然"到"乐之"再到"不忍去",足见谒祠之举对在院生徒的感染力之大。更使得"自为童子时"的文天祥,看到文庙中还奉祀乡贤先儒欧阳修、杨邦乂、胡铨等塑像,且"皆谥忠",欣然慕之曰:"没不俎豆其间,非夫也。"③如此,一代代学子带着对师道和学业的敬畏,去追逐"希圣希贤"的人生理想,最终实现"传道济民"的处世目标,这也是"庙学合一"价值的最好体现。

肆

正因为有如此多元的价值及功能,文庙才能在庙学分离后艰难地生存下来,后来者才能继续守望着中华优秀传统文化这块沃土而不至于断裂或丢失。改革开放以来,国家更加重视保护和弘扬中华优秀传统文化,文庙作为儒家文化的载体自然迎来了难得的发展机遇。曲阜孔庙的祭孔活动以往由民间团体主持,从2004年起转而由地方政府主办,2007年又上升到由山东省政府与教育部、文化部等联合主办,由此带动了各地文庙的官方"祭孔"活动;越来越多的文庙遗存被列为全国重点文物保护单位,同时带动了全国各地对文庙遗存的修复和保护工作。党的十八大报告明确指出"文化是民族的血脉,是人民的精神家园",并基于对优秀传统文化营养的汲取,提出了"二十四字"的社会主义核心价值观。2014年五四青年节当日,习近平总书记在与北京大学师生座谈时指出,中华优秀传统文化已经成为中华民族的基因,植

① 肖永明、唐亚阳:《书院祭祀的教育及社会教化功能》,载《湖南大学学报(社会科学版)》2005年第3期。
② [南宋] 陈傅良:《潭州重修岳麓书院记》,见《止斋集》卷39,文渊阁四库全书本。
③《宋史·文天祥传》。

根在中国人内心，影响着中国人的思维方式和行为方式，今天，我们提倡和弘扬社会主义核心价值观，必须从中汲取丰富营养，否则就不会有生命力和影响力。2017年1月，中共中央办公厅、国务院办公厅印发《关于实施中华优秀传统文化传承发展工程的意见》。该意见指出，在五千多年文明发展史中孕育的中华优秀传统文化，积淀着中华民族最深沉的精神追求，代表着中华民族独特的精神标识，是中华民族生生不息、发展壮大的丰厚滋养，是中国特色社会主义植根的文化沃土，是当代中国发展的突出优势，对延续和发展中华文明、促进人类文明进步，发挥着重要作用。同时，该意见从重要意义、总体要求、主要内容、重点任务、组织实施和保障措施等方面予以战略性、全局性部署。党的十九大报告中，同样强调"文化是一个国家、一个民族的灵魂。文化兴国运兴，文化强民族强。没有高度的文化自信，没有文化的繁荣兴盛，就没有中华民族伟大复兴"，"中国特色社会主义文化，源自于中华民族五千多年文明历史所孕育的中华优秀传统文化"，在新时代传承与弘扬优秀传统文化，必须"创造性转化、创新性发展"。那么，文庙作为传播儒学的主阵地，理应成为培育和践行社会主义核心价值观的重要文化阵地。事实上，已有部分文庙积极开展国学教育普及活动，如举办成人礼、开笔礼、拜师礼等，取得明显效果。

但在现实中，文庙的发展还面临诸多问题或难题。有些地方政府文物保护意识淡薄，有部分文庙遗存得不到正常的维修和保护；部分得到保护的文庙，其蕴藏的多元功能尚未得到有效发挥，甚至存在过于功利化的倾向；部分文庙设施及祭祀活动不合礼制，存在一系列具体问题，比如祭祀日应是生日还是卒日、受祀对象只是孔子还是分层次进行、每年各地文庙是同时祭祀还是"各自为政"、祭文是年年都写还是规范统一，以及在东西两庑及乡贤祠、名宦祠中是否可以续增一些新儒学代表人物等问题。要根本解决文庙发展中的问题，有待于对文庙的深入系统研究。

伍

自从文庙问世后，就有不少学者从不同的角度、用不同的方式，对文庙的建制、布局、祭祀、教化等问题做过不同程度的思考和论述。自明清以来，在举国编著大型丛书、类书的驱动下，大批学者开始对文庙的各种资料进行梳理、研究和汇编。如《明史·艺文志》就载有潘峦的《文庙乐编》、何栋如的《文庙雅乐考》、黄居中的《文庙礼乐志》、瞿九思的《孔庙礼乐考》；《清史稿·艺文志》载有阎若璩的《孔庙从祀末议》、庞钟璐的《文庙祀典考》、蓝锡瑞的《醴陵县文庙丁祭谱》、郎廷极的《文庙从祀先贤先儒考》等。此外，还有陈锦的《文庙从祀位次考》、张楃的《文庙贤儒功德录》、金之植的《文庙礼乐考》、牛树梅的《文庙通考》以及民国时期孙树义的《文庙续通考》等。这些成果对文庙的发展流变、建筑形制、祭祀礼仪及从祀制度等都做了系统考辨。改革开放以来，随着国家对优秀传统文化传承的重视及文化遗存保护力度的加强，文庙研究呈现出良好的发展态势，先后出版多部有代表性的学术著作，诸如范小平的《中国孔庙》（2004）、陈传平主编的《世界孔庙》（2004）、刘亚伟的《远去的历史场景：祀孔大典与孔庙》（2009）、孔祥林等的《世界孔子庙研究》（2011）、彭蓉的《中国孔庙建筑与环境》（2011）、董喜宁的《孔庙祭祀研究》（2014）、朱鸿林的

《孔庙从祀与乡约》（2014）等。这些学术成果从历史学、建筑学、考古学、美学等多学科多维度对文庙进行了系统性、综合性思考与研究。但在文庙理论的提升、文庙精神的挖掘、文庙文化的传播、新时代文庙如何保护利用等问题上，还需要我们进一步去思考、去探索。

本套"中国文庙研究丛书"以马克思主义唯物史观和方法论为指导，以全球视野、中国立场、问题意识、实践导向为基本价值取向，坚持历史与逻辑相一致、宏观与微观相统一、本土与域外相参照、理论与实际相结合的基本原则，充分运用历史法、文献法、比较法以及田野调查、计量分析、文本叙事、图像佐证等研究方法，从选址布局、建筑特色、祭祀礼制、教化活动、文化传承等多个维度，对各地有代表性的文庙逐一进行微观分析和深度描述，使其成为介于学术性和普及性之间的一套文庙研究丛书。纳入丛书第一辑的有十二部研究专著，分别是《曲阜孔庙研究》《西安文庙研究》《上海文庙研究》《郑州文庙研究》《太原文庙研究》《苏州文庙研究》《南宁文庙研究》《济南府学文庙研究》《宁远文庙研究》《定州文庙研究》《建水文庙研究》《正定文庙研究》，其他有代表性的文庙也正在研究之中。在此基础上，我们后续会进行历代文庙史料搜集与整理以及文庙专题研究、文庙通史研究等，努力使"文庙学"成为一门专门学问。同时，也期待有更多的文庙爱好者加入文庙研究队伍，通过深入系统的研究以及多种形式的学术交流活动，让中国的文庙文化走向世界，让世界了解中国的文庙文化。

周洪宇

2020年12月

目录

引　言　　　　　　　　　　　　　　　　　　　　　　　　001

01 >　临安沧桑道永存：建水文庙风雨七百载

千年临安：建水古城　　　　　　　　　　　　　　　　011

金临安，银大理　　　　　　　　　　　　　　　　　011

峥嵘岁月：全国第二大文庙的沿革　　　　　　　　　014

云南文庙的兴起：化民成俗　　　　　　　　　　　014

元代建水文庙：开滇南文教先声　　　　　　　　　016

明清时期建水文庙：规模宏大，建制完备　　　　　017

现代建水文庙：国家由危亡走向重生的见证者与参与者　022

当代建水文庙：保护与传承并举　　　　　　　　　023

02 > 文运昌盛天人和：建水文庙的选址、布局与生态

精心选址：人杰地灵 029

建水文庙的方位 029

案山和文笔塔 030

对称宫殿式布局：宏伟壮丽 032

七进空间，恢宏庄重 032

生态系统：庄严雅致 036

自然生态：草木繁盛，生机勃勃 036

人文生态：历史感与时代感交相辉映 040

一庙三学，庙学相长 041

03 > 礼制教化蒙后训：建水文庙的祀制与礼仪

盛大恭谨：建水文庙祀制 045

建水文庙祭孔的历史 045

祭孔祀典仪程 047

万世师表：建水文庙中的孔子 053

建水文庙中的孔子像 053

才华横溢，各具所长：建水文庙四配十二哲 055

04 > 学校教化：一庙三学育英才

儒学在建水的传播 067

儒家文化在云南的传播 067

改土归流促使建水文教兴起 069

建水文庙的学校教化 　070

古代教育：一庙三学，滇南文教圣地 　070

近代教育：向新式教育转型 　079

现当代教育：传承文脉，走向未来 　081

滇南革命教育活动策源地：参与中国历史进程 　086

参与抗日救亡活动 　086

参与建立新中国 　088

05 > 社会教化：雄镇滇南化四方

滇南边陲：蒙昧未化 　093

云南不知尊孔，以王羲之为师 　093

修建文庙：云南内地化政策成效初显 　094

初设文庙，风俗稍变 　094

庙学相长：习俗渐与内地趋同 　096

崇儒尚学，化民成俗 　096

06 > 恢宏巨制耀中华：建水文庙的建筑及特色

总体格局：中轴对称宫殿式布局 　103

泮池：全国文庙之最 　105

椭圆形泮池 　105

象征意义与审美趣味融合 　107

四门八坊：文庙规制与地域特色完美结合 　109

棂星门：融合地方门楼特色 　109

大成门 　110

金声门和玉振门 111

八 坊 112

祠祀建筑：庄重肃穆 120

大成殿（先师庙、先师殿） 120

二十二扇木屏门：精美绝伦 125

崇圣祠 127

寄贤祠 129

仓圣祠 130

教学建筑：完备宜习 131

杏 坛 131

西明伦堂 132

东明伦堂 135

尊经阁 136

五 亭 137

07 > 文脉长续书春秋：建水文庙的文化传承

科举遗存：提督学政考棚 143

历史见证：建水文庙碑刻 147

滇南尊孔第一古石——《追封圣诏碑》 149

维护国家统一的宣言书——《平定青海告成太学碑记》与《御制平定回部告成太学碑记》 150

杏坛礼赞——《孔圣弦诵图碑》石刻 157

《临安府儒学重修庙学碑记》 159

《重修文庙碑记》 160

《临安府儒学新修杏坛记》 162

《临安府新修儒学泮池记》 163

《重修临安府儒学科甲题名碑记》 165

《新修临安府学记》 166

《新建建水州学记》 168

《郡博生洲周先生去思碑记》 170

《御制世祖章皇帝条教生员卧碑》 171

别有洞天：建水文庙记文 173

《重修庙学记略》 173

《建庠年谱序》 174

《重修尊经阁序》 175

《重修文星阁记》 178

《重修仓圣祠记》 179

《临安府城文庙小记》 181

《建水之孔庙》 182

智趣交融：建水文庙诗联 185

08 > 滇南邹鲁启今朝：建水文庙人物

元代人物 197

赛典赤·赡思丁 197

张立道 201

明代人物 203

王　奎 203

韩宜可 204

萧崇业　　　　　　　　　　　　　　　206

刘　洙　　　　　　　　　　　　　　209

包见捷　　　　　　　　　　　　　　210

张　隆　　　　　　　　　　　　　　211

邢　干　　　　　　　　　　　　　　211

张文宗　　　　　　　　　　　　　　212

田　容　　　　　　　　　　　　　　212

杨　慎　　　　　　　　　　　　　　212

清代人物　　　　　　　　　　　　215

傅为詝　　　　　　　　　　　　　　215

陈世烈　　　　　　　　　　　　　　216

蒋文祚　　　　　　　　　　　　　　217

张履程　　　　　　　　　　　　　　217

09 >　中华文化边地同：建水文庙的价值与作用

滇南兴盛之源头：历代对建水文庙的评价　　221

继承中发展：后世对建水文庙价值的认同与开拓　　223

附录：历代建水文庙碑记　　　　　　227

主要参考文献　　　　　　　　　　　249

后　记　　　　　　　　　　　　　257

神州大地，锦绣中华。在中国的西南边疆，有这样一个地方，她自然风光旖旎，植被丰茂，野生动物种类繁多，素有植物王国和动物王国之称，这个大家庭有二十六个世居民族，文化五彩斑斓，各具特色，各民族团结和睦，和而不同，她就是——七彩云南。云南有着悠久的历史，她是人类文明的重要发祥地之一。[①]1965年，考古学家在滇中的楚雄彝族自治州发现了距今一百七十万年的元谋人，是迄今中国境内发现的最早的古人类。中国若是一幅大气磅礴的山水画卷，那云南就是屹立其上的一座奇绝秀美的高峰。

在漫漫的华夏历史长河中，儒家文化以其博大精深的内涵、丰富深厚的人文底蕴，对中国的历史进程及中华民族文化的形成产生了巨大影响，在中华文明史中占有重要地位。云南虽地处西南边疆，但儒家文化的濡染却很久远。1901年，滇东北地区昭通白泥井"梁堆"[②]墓地出土了《孟孝琚碑》，该碑文字缺失较多，多方学者由残存碑文得出六种不同的立碑年代，跨度由公元前25年至公元216年。[③]碑文记

① 杨毓才：《云南各民族经济发展史》，云南民族出版社1989年版，第69页。
② 滇东、滇东北地区对当地东汉西晋时期墓葬的称谓，因高大的封土堆而得名。
③ 汪宁生：《云南考古》，云南人民出版社1980年版，第109—110页。

载了孟孝琚"四岁失母，十二随官，受《韩诗》，兼通《孝经》二卷……痛哉仁人，积德若滋。孔子大圣，抱道不施，尚困于世……"①。可见，儒家文化于汉朝就已传入云南，并对云南的文化教育产生了初步影响，少数民族精英阶层已开始深入学习儒家典籍。

文庙作为儒家文化的载体，遍布神州大地，影响海外诸国，是传播儒家文化思想的重要平台。本书所言的文庙，是指与武庙相对、主祀孔子且伴有教育教学活动的礼制性建筑，是与各级官学及书院直接相关的主祀孔子的庙宇，或与官学、书院无缘的主祀孔子的国庙、家庙、纪念性孔庙等，它们均具有教化民众的功能，或称之为"庙学"，或称之为"学庙"。②因时代不同，对此类庙宇的称呼也多有变化。诸如春秋时的"孔子庙"，汉唐的"仲尼庙"，唐以来的"文宣王庙"，宋朝的"宣圣庙"及"夫子庙"，元朝的"先圣庙"，明清的"文庙"，以及部分书院内的"礼殿""先师殿"等。③这里要分清三类文庙：一是家庙，即曲阜孔庙（北孔庙）和衢州孔庙（南孔庙），为孔子家族祭祀之处；二是国庙（北京国子监孔庙与南京夫子庙等），为京师国学孔庙；三是地方学庙（学宫、庙学），是用于培养人才的场所。上述三类文庙构成了一个完整的中国文庙系统。

据统计，世界各地曾先后建设文庙3000多座，至今仍保存下来的尚有1300多座。④根据杨大禹《云南文庙建筑研究》一书对云南各地现存文庙情况的统计，至今云南还保存有49座文庙。⑤云南最早的文庙是昆明文庙，建于元至元十三年（1276年），位于昆明五华山，是由元代云南行省平章政事赛典赤·瞻思丁为首所建。⑥昆明文庙历经几度重建，现存文庙已非原址原貌。1941年1月29日，日军派出军机十二架，空

① 方国瑜主编：《孟孝琚碑概说》，见《云南史料丛刊》第1卷，云南人民出版社1990年版，第163页。
② 周洪宇、赵国权：《文庙学：一门值得深入探究的新兴"学问"》，载《江汉论坛》2016年第5期。
③ 周洪宇、赵国权：《文庙学：一门值得深入探究的新兴"学问"》，载《江汉论坛》2016年第5期。
④ 吴闯、李东娜主编：《中国传统文化概论》，首都经济贸易大学出版社2009年版，第183页。
⑤ 杨大禹：《儒教圣殿：云南文庙建筑研究》，云南大学出版社2015年版，105页。
⑥ 张建伟主编，中国人民政治协商会议云南省昆明市委员会编：《昆明文史资料集萃》第8卷，云南科技出版社2009年版，第6174页。

建水古城朝阳楼（图片来源：图虫创意）

袭昆明市中心，文庙大成殿、大成门、桂香阁、明伦堂、尊经阁同时被炸毁，崇圣殿与仓圣殿被炸去一半。[①]昆明文庙的古建筑现仅存棂星门、泮池、礼学门和义路门。2015年，恢复重建了大成门和大成殿等建筑。[②]紧随昆明文庙之后，至元二十二年（1285年）和至元二十四年（1287年）建成建水文庙与大理文庙。自此，昆明、大理、建水成为云南三个文教最发达兴盛的地区。随后，云南其他地区也陆陆续续兴建了文庙。至明清时期，文庙开始在云南的政治、社会生活中扮演重要的角色，传播儒家文化，教化民众，增进中华民族文化认同感，云南的文庙不仅影响了本地区的发展，也对周边地区产生了深远影响。

建水文庙坐落于云南省红河哈尼族彝族自治州建水县临安镇。临安镇是建水古城、临安府府治所在地。建水之所以能孕育出享誉西南地区的文庙，与其独特的地理人文环境密不可分。建水县位于云南省南部、红河中游北岸的山间盆地之中，盆地地势平缓，河谷众多。北回归线横贯县境南部，

① 陈静波：《以档案看日军对昆明的轰炸》，载《云南档案》2017年第6期。
② 笔者曾于2018年7月1日到昆明文庙考察，恢复建成后的大成殿面积达952.55平方米，是云南省所有文庙中规模最大的大成殿。建水文庙大成殿有500多平方米，大理文庙大成殿有600多平方米。

属于亚热带季风气候，冬无严寒，土地肥沃，有"天然温室""粮蔗之乡"之美称。1988年，考古学家在建水燕子洞发现了距今3500多年的古人穴居遗址，从中发掘出土了打制石器13件、磨制石器1件，以及陶饰品、陶片等，[①]发掘文物表明早在新石器时代，就有人类在建水生息繁衍。建水汉代属益州郡母掇县，西晋属宁州兴古郡，[②]唐代属南宁州都督府属东爨乌蛮地，唐元和年间南诏国在此筑惠历城（即建水古城），元代初期设建水千户，后改建水州，隶属于临安路，明、清两代建水州（后改称建水县）为临安府府治所在地。[③]建水的文物古迹多达百余处，有新石器时代遗址、西汉时期的古墓葬、元朝的指林寺、建水文庙，还有明清时期的朝阳楼、双龙桥、燃灯寺、东林寺、玉皇阁、城隍庙、诸葛庙、关圣庙、百岁楼、朱家花园、学政考棚等。明清时期，建水教育兴盛，科举发达，人才辈出，临安府的科举一度在云南处于领先地位。明嘉靖年间，有一年建水州参加乡试中举的人占云南生员的一半，武举人也曾经出现过占半榜的情况，故有"临半榜"之称。明、清两代的乡试中，举人出现过半榜之额的州县，仅有建水。建水流传着这样一副科举联："父进士，子进士，士科衍盛。兄翰林，弟翰林，林榜传芳。"上联指明代景泰进士罗晟与其子成化进士罗珣（均为临安卫军籍），是云南最早出现的父子进士；下联指清代乾隆进士倪高甲之次子倪思淳与三子倪思莲皆为嘉庆翰林。这是全国少见的一门三进士、兄弟两翰林之家。[④]从明正统七年（1442年）建水考中第一名进士算起，建水在明清时期共出文进士67名、武进士39名、文举人763名、武举人510名，因而享有"滇南邹鲁""文献名邦""诗书郡，礼乐邦"的美誉。萌芽于新石器时代晚期的建水陶瓷，经过不断发展演变

① 建水县政协文史资料委员会编：《建水文史资料选辑》第1辑，1989年版，第1页。

② 国家文物局主编：《中国文物地图集·云南分册》，云南科学技术出版社2001年版，第364页。

③ 何明主编：《西南边疆民族研究》第24辑，云南大学出版社2017年版，第45页。

④ 建水县政协文史资料委员会编：《建水文史资料选辑》第2辑，1991年版，第177—178页。

而成为独具神韵的建水紫陶，到清代已跻身为四大名陶之一。建水历史上一直是滇南的政治、军事、经济、文化、教育中心。1994年，建水经国务院批准，列为国家历史文化名城。

坐落于建水古城之中的建水文庙是国务院公布的第五批全国重点文物保护单位。建水文庙作为全国第二大文庙，建筑保存完好，规制严整，气势恢宏；泮池（学海）占地面积在全国文庙中稳居第一位，池内碧波荡漾，池边风景如画，古树名木郁郁葱葱，花草繁茂。清朝入关后共有十位皇帝，其中八位亲自为文庙题匾，这些摹刻的匾额至今仍悬挂在建水文庙大成殿内。

如今，建水文庙虽已不再发挥古代维护统治、学校教育及社会教化的主要功能，但作为具有七百多年历史的珍贵文物古迹及滇南儒家文化的地标，每天仍吸引着众多中外游客、学子前往参观祭拜，至今还在为弘扬中华民族博大精深的儒家文化及尊师重教的优良传统发挥着作用。与建水文庙仅一墙之隔的建水一中的学子，仍沐浴在文庙浓浓的儒家文化氛围之中，勤奋学习，积极上进。几棵苍劲葱郁的古树下是建水文庙的西明伦堂，如今作为学子们业余时间的书吧，还默默地散发着余热。

建水文庙的辉煌历史，尤其是对促进区域经济、社会、文化、教育发展方面的重要作用为其在西南地区乃至全国的影响力及地位奠定了基础。一些学者对建水文庙进行了研究，其中建水本地学者杨丰、汪致敏对建水文庙的研究较为全面深入。最早有关建水文庙的介绍性文章是《复印报刊资料（中国地理）》1980年第2期刊登的《云南省最大的文庙——建水文庙》。曹天明的《建水文庙祭孔仪式》[①]一文总

① 曹天明：《建水文庙祭孔仪式》，载《民族艺术研究》1998年第4期。

结了建水文庙祭孔仪式，并对仪式中的锣鼓乐、吹打乐、仪仗队、洞经音乐等进行了分析。秦庆秀、唐岱从儒家思想与建水文庙植物景观风格、主题景观植物特点及其文化意蕴、植物配置形式、植物景观总体特征等方面探讨了建水文庙植物景观艺术，认为建水文庙体现了儒家思想及其自然审美观的影响。① 洪晓丽认为，建水文庙成为儒家文化在地方传播的媒介与其教育及推广功能的发挥密不可分，只有与古代中央集权的政治背景、特殊地理环境与人口因素以及儒学自身的哲学特质相结合，文庙才能够发挥儒家文化传播媒介的核心作用。② 陈旸从平面布局、空间序列、建筑造型、装饰风格以及附属园林景观设计等方面，剖析建水文庙建筑与园林设计的视觉特征及美学内涵。③ 陈旸认为建水文庙的思乐亭以儒家思想为里，以地域民俗为表，以空间规划、结构造型、装饰美化为传达手段的意境营造，折射出儒家文化中庸和适的内涵特质。④ 郭羽婷、张云、黄云晖等对建水文庙建筑外部空间与景观空间序列的营造特点进行了探析。⑤ 上述研究从建水文庙的建筑空间、园林景观、祭孔仪式、文化传播等角度进行了纵向探讨，拓展了建水文庙的研究视野。

在著作方面，杨丰的《建水文庙历代碑文校注》（2004）对建水文庙保存的石碑帖文进行了全面的收集、整理及校注，为人们深入认识建水文庙的历史文化提供了宝贵的史料。杨丰的《建水文庙研究资料汇编》（2002）则汇总了部分学者针对建水文庙的相关研究，为建水文庙研究走向深入奠定了基础。柯治国主编的《建水文庙——开启滇南文明的圣殿》（2004）一书以建水文庙现存古迹空间作为叙述结构，梳理了建水文庙的历史沿革、建筑布局以及办学、祭礼的主要内容及特点，从内容到形式，解析其蕴含的故事

① 秦庆秀、唐岱：《建水文庙植物景观艺术探讨》，载《林业调查规划》2006年第2期。

② 洪晓丽：《文庙与儒家文化的传播——以建水文庙为例》，载《曲靖师范学院学报》2013年第2期。

③ 陈旸：《云南建水文庙的空间营造与审美意境》，载《河北工程大学学报（社会科学版）》2016年第4期。

④ 陈旸：《从思乐亭空间营造看建水文庙建筑与装饰文化蕴涵》，载《淮北师范大学学报（哲学社会科学版）》2020年第3期。

⑤ 郭羽婷、张云：《建水文庙景观空间序列营造特点探析》，载《现代园艺》2020年第11期；黄云晖、张云：《基于形式美法则的建水文庙建筑外部空间探析》，载《山东林业科技》2019年第6期。

和历史文化内涵。曾黎的《仪式的建构与表达——滇南建水祭孔仪式的文化与记忆》（2012）从纵向和横向维度研究了建水文庙祭孔仪式的发展历程和祭祀场景的文化意蕴，对祭孔仪式在边疆小城的社会文化融入与发展演变图景进行解读。此外，许儒慧的《云南文庙》（2004）、赵廷光主编的《云南文庙存佚》（2009）、杨大禹的《儒教圣殿：云南文庙建筑研究》（2015）、彭蓉的《中国孔庙建筑与环境》（2011）、孔祥林与孔喆的《世界孔子庙研究》（2011）等从建筑、环境、艺术等不同角度对建水文庙进行了研究，为开拓建水文庙的研究视野、加强其研究深度作出了贡献。但是，除此而外的大部分有关建水文庙的图书资料，多为普及性叙述、介绍和旅游读物，缺乏研究的系统性和深度。因而，很有必要从文庙的教育、教化、文化等因素对区域历史、文化、社会变迁以及对滇南地区近代、现当代教育的影响角度对建水文庙进行系统而深入的研究。

本书充分运用历史法、文献法、比较法以及田野调查、文本叙事、图像佐证等研究策略，从选址布局及生态、祭祀礼制、教育教化、建筑空间、文化传承等多个维度对建水文庙进行微观分析和深度描述，并对建水文庙在弘扬中华优秀传统文化、促进民族团结和强化国家认同等方面的问题进行深度思考，使该研究兼具学术性和普及性，力图从横向和纵向上进一步拓展建水文庙研究，为学界提供有益参考。

临安沧桑道永存：建水文庙风雨七百载

千年临安：建水古城

峥嵘岁月：全国第二大文庙的沿革

建水文庙始建于元至元二十二年（1285年），已有七百多年历史。其建制规模紧随曲阜孔庙之后，为全国第二大文庙，泮池规模居全国之首。建水文庙自元代始设，开启了滇南推行儒家文化教育的先河。明清时期，建水文庙规模进一步扩大，建制及教育制度、祭祀仪式日臻成熟完备。近代，建水文庙成为国家由危亡走向独立的见证者和参与者，也成为滇南地区现代教育的发源地。新中国成立后，建水文庙作为中学的办学场所继续发挥作用。20世纪90年代末期，建水一中从文庙搬离，建水文庙从此不再行使学校教育的功能，但政府及社会各界对其保护与开发的力度不断加强，使其焕发出勃勃生机。

千年临安：
建水古城

金临安，银大理

　　建水县位于西南边疆的滇南地区，是云南省红河哈尼族彝族自治州下辖县之一，汉、彝、回、哈尼、傣、苗等多个民族世居于此。县城距省会昆明约200公里，从元初至民国数百年间是滇南的政治、军事、经济、文化、教育重镇，是具有一千二百多年历史的古城。唐朝元和年间（806—820），兴起于大理巍山的南诏政权已正式在建水修筑了土城，取名"惠历"，隶属通海都督府。在彝语中，"惠"指"海"（云南人一般称湖泊为"海"或"海子"），"历"指"大"，合起来的意思是"大海子"，可以想见，每年雨季来临时，溪流河水四溢，犹如大海一般，汉语就称之为"建水"。[①] 建水位于唐朝时期著名的南诏通北部安南道——"步头路"的咽喉地段，是云南通往安南（今越南北部）的交通要道，也是南方丝绸之路的东南通道。但在唐代以前，建水由于位置偏僻，远离中原，交通不便，经济文化落后，人民生活水平较

① 曾黎：《滇南建水多元宗教和谐共存的历史格局》，载《民族时报》2017年7月5日。

低，被视为"南蛮"之地。《云南志》载："通海以南多野水牛，或一千二千为一群。"①从地理位置看，通海以南适宜野水牛生长的地方，主要是曲江和建水两个坝子，可见当时建水一带的生态环境状况良好。建水尽管自汉朝即纳入中央政府的统治版图之中，但由于此地山峦起伏，河流蜿蜒，民族众多，中央政府对建水的治理与影响很难奏效，进而导致中央政府对云南的统治较难持久维系，且其统治方式均为"羁縻"式的非直接管理。

南宋宝祐元年（1253年），忽必烈率十万大军巧渡金沙江，攻克大理国，二十余年后，元朝在大理国故土正式建立云南行省，终结了云南地区屡屡成为独立王国的历史，使云南正式成为中央政府的直接管辖地，这是云南历史上划时代的大事。元朝在云南行省设建水州，属临安路（路治设在通海），并在建水设临安、广西、元江等处宣慰司，负责管辖临安、广西（今泸西）、元江等路。

元代，马可·波罗奉忽必烈的命令到西南地区（今云南和缅甸）巡视，大概于1287年到达云南。②从他的行纪中可判断马可·波罗到过建水一带。《马可波罗行纪》第一二七章中有一段关于阿木州的描写：

　　阿木（Amu）是东向日出处之一州，其民是偶像教徒，臣属大汗，以畜牧耕种为活，自有其语言。妇女腿、臂戴金银圈，价甚贵，男子亦然，其价较女子所戴者更贵。产马不少，多售之印度人而为一种极盛之贸易。其地有良土地、好牧场，故牛及水牛亦甚多，凡生活必需之物，悉皆丰饶。
　　则应知此阿木国后为交趾国，相距十五日程，交趾

①［唐］樊绰撰，向达原校，木芹补注：《云南志补注》，云南人民出版社1995年版，第109页。
② 方国瑜、林超民：《〈马可波罗行纪〉云南史地丛考》，民族出版社1994年版，第11—15页。

国后有班加剌国，相距三十日程。①

有学者考证阿木州即是阿僰部，其中心在临安。②从这些描述中，可以看出建水地区土地肥沃，牧场广阔，水牛遍布，妇女、男子都穿金戴银，男子配饰更昂贵，马匹交易频繁，印度人前来贸易，建水当时的繁华景象可见一斑。

建水明代仍称建水州，改临安路为临安府，府治由通海移至建水。据民国《新纂云南通志》记载，临安府"高山大泽宅其中，长江大河绕其外。五司棋布，外锁重关；八属星罗，内雄远甸。南邻交趾，北蔽澄江，为滇省之名区，作边陲之保障"③。建水县则"焕岭横开玉璧，云龙矗立青霄，后绕曲江，前潆礼社，山环水抱，形胜之区。"④临安府区域崇山峻岭，地势险要，交通不便，但有山有水，景色宜人。

建水历经元明清时期的发展，文教蔚然兴起，物阜民丰。史书记载当时的临安"繁华富庶甲于滇中"，民间还有"金临安，银大理"的说法，意为建水比大理更加繁荣昌盛。

①［意］马可·波罗（Polo, M.）：《马可波罗行纪》，冯承钧译，内蒙古人民出版社2006年版，第183页。
②方国瑜主编：《云南史料丛刊》第3卷，云南大学出版社1998年版，第225页。
③刘景毛点校：《新纂云南通志》卷23。
④刘景毛点校：《新纂云南通志》卷23。

朝阳楼迎晖门

云南文庙的兴起：化民成俗

元代至元年间，元世祖忽必烈为加强对云南的统治，设立了云南行中书省，并委派边疆治理经验丰富的赛典赤·赡思丁担任云南行省首任平章政事（行省的最高长官）。赛典赤·赡思丁在滇期间，大力推行"云南内地化"政策，以儒家思想为核心的汉文化来治理云南边疆地区，倡导修建文庙，发展文教事业，治理滇池，兴修水利工程。

张立道是辅佐赛典赤·赡思丁治理云南的重要人物。至元十五年（1278年），张立道升任中庆路总管，在此任上主持兴建了昆明文庙，后于至元二十二年（1285年）调任临安广西道军民宣抚使，上任伊始便倡导、主持修建了建水文庙。建水文庙距今已有七百多年历史，是云南省继昆明之后兴建的第二所庙学，为中国南方最大的孔庙，其规模建制仅次于曲阜孔庙。据《临安府志·卷八·学校》记载，"庙学在府治西，至元二十二年宣抚使张立道建"①，《元史·张立道传》亦载"复创庙学于建水路"②（编者按：此处"建水路"应为"建水州"之误）。后来，张立道升任云南行省参政，一月后卒于任上。赛典赤的"云南内地化"政策得到张立道的积极支持，其中兴修文庙、尊孔崇儒的实质是实现儒家思想文化在西南边疆地区的传播，是推行"云南内地化"的具体体现。《元史·张立道传》评价他"书清白之训于公廨，以警贪墨，风化大行"③，即张立道把清白为官做人的训诫写在他办公的地方，警示自己与其他官员廉洁奉公，励精图治。后来，尊孔崇儒的风气在当地大为盛行，很好地体现了儒家文化倡导的"上行下效"。

与此同时，滇西大理的文庙创设也已启动。大理苍山雄伟，洱海秀美，古代文教发达，唐宋时期是南诏国、大理国的政治文化中心，设立文庙水到渠成。大理文庙的创设始于至元二十二年（1285年）春，中奉大夫、参知政事郝天挺主政大理，看到大理山川之雄丽甲于西南，感叹"帝意美矣，学校建矣，儒教弘矣！惟吾夫子庙貌未兴，而宗师无道者，莫知所自"④。于是身先士卒捐出自己的薪俸倡导设立文庙，一众官员纷纷响应。当年冬，大成殿、两庑建成，至元二十四年（1287年）建成棂星门、大成门、金声玉振门及其他建筑。每年春秋两季举行祭祀。"於戏，盛哉！此王化自北而南也。且南诏本哀牢夷之后，其为国也，方处虚离，人或聪达，礼乐衣冠皆未得其正也。当今大理创修学庙，使旧染之俗咸与维新，此嬴秦之所绍无，汉唐三国六朝之所未见，是皆大参中奉郝公之力也。"⑤自此，文庙成为大理及周边地区推行儒学王化的重要平台，儒家文化从北逐渐向南传播，大理地区文化风俗大变。元代大理路儒学教授赵傅弼作

① 嘉庆《临安府志》卷8。
②《元史·张立道传》。
③《元史·张立道传》。
④ 正德《云南志》卷26。
⑤ 正德《云南志》卷26。

《创大理文庙碑》记载大理文庙创建一事，并后附一文：

> 仰之弥高，点山苍苍；资之也深，洱水汤汤。乃作
> 泮宫，厥位孔阳；大参郝公，力为主张。土工梓人，躬
> 亲较量；乙酉之冬，大殿西廊。丁亥之闰，三门耳墙；
> 天启斯文，万古素王。道由东鲁，教被南荒；杏坛爱
> 藏，木铎载扬。声名文物，礼乐纲常；昔吾未见，焉马
> 可望。使被毡裘，化为典章；儒行举醇，与进吾乡。庙
> 貌之尊，山高水长；于灿洒扫，悠久无疆。[①]

赵傅弼任职期间"严毅自持，勤于教导"，从其叙述大理文庙创立过程可以看出其"文章有法度"，充满对兴建大理文庙的赞叹之情。赵傅弼这篇碑文可称为大理文教事业"现今最早"的文字记录，尽管李元阳在万历《云南通志·学校志》中称大理儒学始建于汉章帝元和二年（85年），王思训《征刻滇诗启》也怒斥《元史·张立道传》称大理尊孔始于元代是"陋说"，但关于汉代建立儒学的可靠记录，至今并无确凿的证据。

元代建水文庙: 开滇南文教先声

元代，赛典赤·瞻思丁首创云南行省，积极推行云南内地化政策，兴设儒学、修建文庙，传播儒家文化思想，建水文庙正是在这样的背景下得以设立的。建水文庙介于昆明文庙与大理文庙中间建成，始建于元至元二十二年（1285年），由时任临安广西道军民宣抚使张立道主持修建。元朝统治的近百年间，建水文庙共经历过三次修葺增建。继首次

① 方国瑜主编：《云南史料丛刊》第6卷，云南大学出版社2000年版，第329页。

兴建后，至大元年（1308年），建水文庙内刻立了一块《追封圣诏碑》，碑文内容写的是元武宗皇帝追封孔子为"大成至圣文宣王"的诏书，以积极强化孔子在主流文化中的地位。

泰定二年（1325年），廉访金事（肃政廉访司正五品副职官员）杨祚对建水文庙进行了增建，规模进一步扩大。据史书记载，杨祚"有才略，所至以兴学化人为先务"[1]，杨祚很有才华和谋略，每到一个他管辖的地方，都把兴办学校教育、教化老百姓作为最重要的事。二十五年后，即至正十年（1350年），平章王维勤、教授邵嗣宗又对文庙进行了修建。文庙的规模得以逐渐扩大，成为一座滇南地区传播儒家文化的宏大殿堂。

明清时期建水文庙：规模宏大，建制完备

明清时期，建水文庙的规模进一步扩大，建制日臻完备。明洪武十六年（1383年），将原元代的临安路学改制为临安府学并增设西明伦堂。按左庙右学的规制，府学设于西明伦堂。[2]临安府学有教授1人，训导2人。学生分廪膳生、增广生和附学生三类，廪膳生每月发给月米，定额40人，增广生和附学生无定额。[3]学科内容有经、史、律令、诏诰、射箭、名人法帖、九章算术等。[4]生源范围及教学内容进一步扩展。

明洪武二十二年（1389年），史书记载，许莘"万历间，左迁临安府通判"，"优于儒术，建学育材，抚字尽心，人咸慕之"。[5]许莘是浙江籍人士，精通儒家文化，在临安兴建学校培养人才，得到当地老百姓的爱戴。在此任上，许莘主持重建文庙规制，使其教学工作更加有序。康熙《建水州

① 民国《新纂云南通志》卷178。
② 杨丰：《建水史话》，云南人民出版社2003年版，第68页。
③ 建水县政协文史资料委员会编：《建水文史资料选辑》第7辑，建水县政协文史委员会，2002年版，第98页。
④ 中国昌主编：《中国教育活动通史·第五卷·明清》，山东教育出版社2017年版，第163页。
⑤ [明]陈文等纂修：景泰《重修云南图经志书》卷3。

志》对许莘亦有记载，"首建府学，养育人才。后之彬彬蔚起者，实基于此。"①许莘对建水文庙以及当地教育的兴起作出了重要贡献。

宣德年间，知府赖瑛建藏书阁（后改成尊经阁），购买了一大批儒家典籍藏入其中，供学生诵读，都督同知沐昂（1379—1445）在建水文庙内创建了文昌阁。②沐昂为明开国大将沐英第三子，永乐时，参加征讨云南，擢都指挥同知；平定云南后任都指挥使，总揽云南军务，后累迁至右都督；正统年间，督兵征讨思任发之叛，号令严明；正统十年（1445年）去世，追赠定边伯，谥武襄。③沐昂为人谦和友善，喜欢与文士结交，喜好诗文，是明初云南文化界的领袖人物，著有《敬轩集》，其编选的《沧海遗珠》在明代文学史乃至中外文化交流史上都有影响力。④沐昂曾写下一首描写建水文庙的诗《黉宫秋蟾》："泮宫秋杪晚生凉，明月当空照八荒。万里清光流素魄，一株老桂发天香。研穷殊喜开黄卷，赏玩何妨倒玉觞。勉尔书生勤学业，他年虎榜姓名扬。"⑤

正统八年（1443年），临安知府徐文振见学宫多处损坏坍塌，想重新修缮，但又限于财力不足，便与同知刘海，通判彭善道，建水知州潘晋，临安卫指挥万僖、王玘、孙友等商议，共同捐献出自己的俸禄用以购买材料，招集工匠，重修学宫。⑥工程开工了一段时间，所筹资金耗完，刚好碰到云南按察使司副使姜竣巡察至临安，得知这个情况，也捐了一些薪俸帮助工程继续下去。又过了一年，明伦堂、四斋房、大成殿、戟门、棂星门、杏坛，依次得以修复，文庙的面貌焕然一新。这次修缮是建水文庙自元代始建后，规模较大的一次重修。

---

① 康熙《建水州志》卷13。
② 杨丰编撰：《建水文庙文史资料汇编》，建水文庙管理处2002年版，第14页。
③《明史·沐昂传》。
④ 丁一清：《回族文学史》，民族出版社2015年版，第91页。
⑤ [明]陈文等纂修：景泰《重修云南图经志书》卷3。
⑥ 杨丰编撰：《建水文庙研究资料汇编》，建水文庙管理处2002年版，第14页。

天顺五年（1461年），临安府同知刘文重修府学。[①]刘文看到大成殿的庑像快要倒塌，发动同僚部下捐出薪俸，购来木材进行维修，殿堂门庑，圣贤的塑像，门窗上的雕刻绘画变得金碧辉煌，焕然一新。天顺六年（1462年），临安知府王佐、同知刘文、建水知州徐景云、临安卫指挥万僖、镇抚柴庸等合力重建杏坛、射圃，王佐把他收藏的孔子弦诵遗像图刻于石碑上，放在杏坛内，供人瞻仰。[②]天顺七年（1463年），新任知府周瑛见到尊经阁即将坍塌，也主动捐资，倡导其他官员一起出资，购买材料，征集工匠，对尊经阁进行了重修，把腐朽的木料换成新的，规格加以扩充，边上还加盖了房间，阁的四壁绘上前贤刻苦学习的图案，以此勉励学子勤奋好学。成化三年（1467年），知府周瑛、同知白伦、通判林定等组织开挖泮池，并在池下面铺设石块，池上设桥，历时一年竣工。随后，引了一股泉水入池，在池中种植水藻等植物。[③]成化十五年（1479年），兵备副使何纯、知府薛昌重修学宫。由于老百姓的房子靠棂星门太近，何纯买下地皮，将民房迁走，以保持学宫及周边的布局美观。何纯在任期间，还亲自为学宫的学子讲解经书、校勘文字、批注评点，取得不少成就。[④]成化二十二年（1486年），训导赵子禧顺应民意，修建寄贤祠（后称景贤祠），用来祭祀贬谪云南、推广文教的王奎、韩宜可两位先生。寄贤祠由三间房屋构成，中间是亭子，东西两边是厢房，两位先生讲学之处设一亭命名"读书台"，还有前门、外门，四周是围墙。

弘治八年（1495年），云南按察副使李孟晅、知府王济重修庙学，历经数月时间，大成殿、明伦堂变得宏大瑰丽，增置了祭器与乐舞。落成那天，举行了盛大的庆祝仪式。

《重修临安府学庙碑记》载："落成之日，殿宇增辉，礼

① [明] 刘文征：《滇志》卷9。
② 杨丰编撰：《建水文庙研究资料汇编》，建水文庙管理处，2002年版，第15页。
③ 杨丰编撰：《建水文庙研究资料汇编》，建水文庙管理处2002年版，第15页。
④ 杨丰编撰：《建水文庙研究资料汇编》，建水文庙管理处2002年版，第15页。

献益虔，士民相庆，咸谓前此所未闻，宜有言以垂后。"①弘治九年（1496年），按察副使李孟晊、知府陈盛重修尊经阁，置乐器。②弘治十二年（1499年），兵备副使王一言、知府王资良拓修泮池，使其面积达到20亩，四周建围墙，种植树木。同知马谦建射圃、观德亭。③

嘉靖年间，建水文庙的规模进一步扩大，重修或新建了景贤祠、崇圣祠、乡贤祠。嘉靖五年（1526年），兵备副使戴书重建景贤祠，拓宽祠前的地皮，祠前后各修建讲堂一座，分别题名"聚奎"和"丽泽"，四周修建书房，总计40多间，题名"寄贤书院"（后称景贤书院）。嘉靖九年（1530年），戴书续建启圣祠（后称崇圣祠），并在里面放置经史典籍。④嘉靖十三年（1534年），修建乡贤祠，首祀张隆、邢干、张文宗、田容，故称四贤祠。杨慎为该祠撰写了《四贤祠记》。嘉靖二十年（1541年），兵备副使蒋宗鲁修建乡贤祠和名宦祠于大成殿前方左右。⑤

万历三年（1575年），知府昌应时建文星阁，在泮池南边建云路坊，题匾额"滇南邹鲁"。⑥万历三十四年（1606年）十一月一日，临安发生地震，地方志记载："城垣、梵宇、民庐倾倒殆尽，民皆露宿，死者数千人。"⑦学宫也因此遭到损毁，知府梁茂桂、知州冯修吉上书督学范允临、巡按周懋相、参议康梦相，共捐资一千三百余金，重修了庙庑、堂斋、门库、祠阁、号舍、棹楔、射圃；增建了敬一亭，里面放置嘉靖御制的《圣谕心箴碑》和其他两块碑；兵备金事龚云致新建两座牌坊，分别为"盛世人文""熙朝道化"，建水人包见捷撰写了碑记。⑧万历四十三年（1615年），建水知州赵士龙请求增设建水州学于东明伦堂，巡按御史吴应琦向朝廷上书后获得批准，万历四十四年（1616年），正式在文

① 康熙《建水州志》卷18。
② [明] 刘文征：《滇志》卷9。
③ 杨丰编撰：《建水文庙研究资料汇编》，建水文庙管理处2002年版，第17页。
④ [明] 刘文征：《滇志》卷9。
⑤ 民国《新纂云南通志》卷110。
⑥ [明] 刘文征：《滇志》卷9。
⑦ 民国《新纂云南通志》卷22。
⑧ 杨丰编撰：《建水文庙研究资料汇编》，建水文庙管理处2002年版，第18页。

庙大成殿东边增建建水州学。①州学设置大堂三间，左右斋房各五间，义门、大门各三间。②加上作为临安府学的西明伦堂，至此，建水文庙"一庙二庠"的格局正式形成。与常见的"一庙一庠"相比，建水文庙出类拔萃。两年后，临安知府林裕旸在泮池内的小岛上修建思乐亭，并建了一条堤和石板桥与池边的林荫道相连。③元江军民府由于府学生源不足，于天启三年（1623年）正式将府学迁至临安，设于建水州学左边。④建水文庙由此形成了"一庙三庠"的格局，临安的文教水准由此甲于全滇。

清代，建水文庙几经修整，使其得以保持规制完整。康熙六年（1667年），知府曹德爵重修思乐亭，改名为育龙亭，同时对大成殿、两庑、中门、棂星门进行了修缮。同年，曹德爵与学正鲁大儒一同重建州学明伦堂。⑤康熙十二年（1673年），重修尊经阁，增置了经书，重建府学明伦堂，修葺思乐亭，改名为观水亭，重建文星阁等。康熙二十九年（1690年），因名宦祠、乡贤祠被兵火焚毁，不得不进行重建。⑥后来的康熙年间，文昌宫、尊经阁、景贤祠、启圣祠、州学等都不同程度地得到重修。雍正四年（1726年），"滇南邹鲁"坊在原址重建，改名为"太和元气"，现立于建水朝阳楼外古城入口处。雍正九年（1731年），将尊经阁改建为启圣祠，乡贤祠、名宦祠迁走，东西两侧建碑亭，亭内竖立历年修学及科贡题名碑记；增补乐舞器及各种乐舞服饰；将景贤祠改名为二贤祠。乾隆二年（1737年），重建文昌阁，改名为桂香阁。乾隆二十四年（1759年），知府双鼎摹刻满汉文碑《御制平定回部告成太学碑记》，放置在大成殿旁西碑亭中。⑦乾隆二十六年（1761年），临安知府费元龙、建水知州吴元念在县学署左侧建节孝祠。乾隆二十九年

① 云南省建水第一中学校志编纂委员会编纂：《云南省建水第一中学校志》，云南人民出版社2007年版，第64页。
② 杨丰编撰：《建水文庙研究资料汇编》，建水文庙管理处2002年版，第18页。
③ 杨丰编撰：《建水文庙研究资料汇编》，建水文庙管理处2002年版，第18页。
④ 杨丰：《建水史话》，云南人民出版社2003年版，第69页。
⑤ 杨丰编撰：《建水文庙研究资料汇编》，建水文庙管理处2002年版，第18页。
⑥ 杨丰编撰：《建水文庙研究资料汇编》，建水文庙管理处2002年版，第18页。
⑦ 曹雷、晓章编：《中华古庙》，天津古籍出版社2005年版，第32页。

（1764年），教授董聪同绅士建礼门、义路石坊，后来又相继修了大成门、洙泗渊源坊。乾隆五十七年（1792年），重建德配天地、道冠古今、圣域由兹和贤关近仰坊。[①]嘉庆年间，重修大成殿，重建启圣祠，改名崇圣祠，建大成门和金声、玉振门。道光年间，将尊经阁移建到建水城的西北角，重修仓圣祠。[②]同治十二年（1873年），乡贤后裔包恩锡等人重修乡贤祠。光绪四年（1878年），知府许廷桂在泮池小岛上重建思乐亭，题匾"涵咏圣涯"；后来几年，又重修了名宦祠、尊经阁。宣统二年（1910年），知府李世楷倡议乡人，捐得一万多银圆，重修庙学各殿宇，包括二贤祠、乡贤祠、名宦祠、节孝祠等。[③]这是明清时期建水文庙的最后一次修缮。历代当政者的重视和屡加修缮，让建水文庙得以完整保存下来，为后世留下一笔宝贵的文化和精神财富。

现代建水文庙：国家由危亡走向重生的见证者与参与者

近现代，建水文庙同样几经变迁。民国时期，由于受到科举终结、战乱袭扰等影响，文庙的修缮建设基本无人问津，处于停顿状态。尽管如此，这一时期的建水文庙风采依然。民国政府组织的文庙调查显示，民国时期的建水文庙"有房屋大小共一百一十间，占面积2.88公亩。间有倾圮者，亦经按年修葺，颇属完整"[④]。在此时期，建水文庙经济独立，管理自治，并不依赖于地方政府，并仍然保留了学田，学田的收入是文庙维护日常管理费用的主要来源。[⑤]建水文庙的自治与独立，确保了这一时期自身的相对稳定。民国初期的《建水县地志资料》描写建水文庙："气象宏远，有如道之大；其结构严密，有如德之备。朴而不失之陋，华而不失

① 杨丰编撰：《建水文庙研究资料汇编》，建水文庙管理处2002年版，第19页。

② 杨丰编撰：《建水文庙研究资料汇编》，建水文庙管理处2002年版，第20页。

③ 杨丰编撰：《建水文庙研究资料汇编》，建水文庙管理处2002年版，第21页。

④ 陈静波：《民国时期云南文庙调查资料选辑》，载《云南档案》2015年第12期。

⑤ 曾黎：《仪式的建构与表达——滇南建水祭孔仪式的文化与记忆》，巴蜀书社2012年版，第134页。

之靡。宫墙美富，入其门者，一望而知为圣人居也。"①民国《新纂云南通志》称建水文庙"规制宏敞，金碧壮丽甲于全滇"②。数百年维系不断的建设修缮，让建水文庙在民国时期继续保持宏伟壮丽、气势非凡的雄姿。

当代建水文庙：保护与传承并举

1950年建水解放后，设于建水文庙的省立临安中学改名为云南省建水中学，1953年，改名为云南省建水第一中学。20世纪60年代中后期，建水文庙遭到一定程度的破坏，同时也有一批有识之士在奋力进行保护。刘文光的《建水文庙与建水教育的历史渊源》一文做了如下记述：

> 建水一中的历届学校领导都十分重视文庙的保护工作。第十三任校长王宗尧曾召集全校师生于先师殿前讲述文庙历史，语重心长地告诫师生要爱护文物古迹。第十六任校长马秉福主持学校工作20余年，为保持文庙土地完整，曾上下奔走呼号，为保护文物不受损坏，尽心尽力，事必躬亲。
>
> 1965年，文庙学海长年失修，湖中淤泥填塞，湖堤多处塌陷，路面坑坑洼洼，建水一中校领导停课一星期，动员全校师生进行修整，清除湖中淤泥，用石头支砌堤岸，平整四周道路，自出资金引水入湖，并在岸边栽花植柳，使学海重现昔日风采。

一位七十多岁的红河州个旧市市民田三刚回忆道："我们年轻那时候，单位组织我们去建水文庙参观了一趟，里面很

---

① 民国《续修建水县志》卷2。
② 民国《新纂云南通志》卷132。

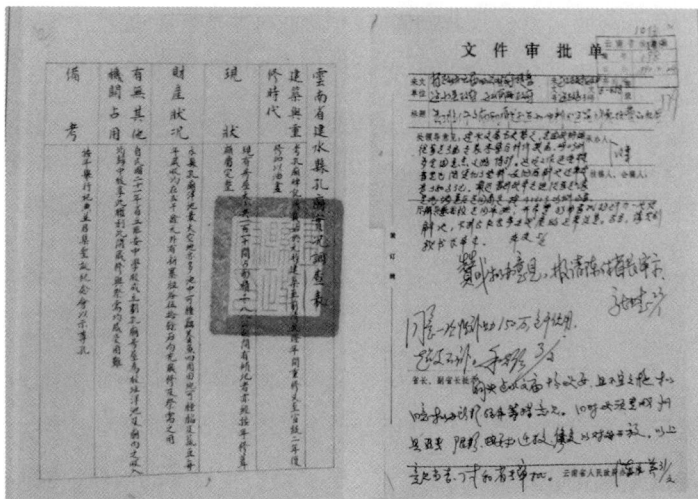

1934年建水文庙实况调查表和1992年修复建水文庙经费批示影印件

（图片来源：云南档案馆编《云南文庙影像》，云南民族出版社2017年版，第211页。）

大，房子保存得很好。"六十多岁的李新华女士则说："我
老家就在建水，小时候父母带着去过文庙，现在还记得里面
有一个很大的池子，风景很美。"[1]两位老人对建水文庙记忆
犹新，叙述中至今仍流露出赞叹之情。

1988年4月，建水县政府筹款加上群众捐资，共筹得款
项75万元，对泮池堤、路、桥和围墙进行了修整。1988年10
月，云南省文化厅拨款10万元，维修太和元气坊和崇圣祠。
1990年10月，云南省文化厅拨款10万元，维修仓圣祠、棂星
门和思乐亭。[2]1990年12月，政协云南省第六届委员会委员程
静华提出《将建水县第一中学迁出文庙，以利文庙的保护和
旅游业开发》的提案，提案认为保护规模仅次于山东曲阜孔
庙的建水文庙建筑群具有重要的文化价值并有利于旅游业发
展。承办这件提案的云南省教育委员会和红河哈尼族彝族自
治州政府都在复文中表示同意提案中提出的意见、建议。云
南省政府办公厅于1991年11月约请省教育委员会、省计划委

① 2018年10月16日，笔者对田
三刚老先生、李新华女士两夫妇
进行访谈。
② 杨丰编撰：《建水文庙研究资
料汇编》，建水县文庙管理处
2002年版，第21—22页。

汤恩佳先生捐赠孔子铜像

员会、省建设厅、省财政厅、省文化厅等六个部门共同研究办理这一提案，并组织调查组对建水县第一中学搬迁的必要性和文庙修葺所需费用进行了调查，由云南省、红河州、建水县三级政府按4：3：3的比例共同承担搬迁建水县第一中学和修葺建水文庙所需的380万元资金。与此同时，将建水列为国家历史文化名城进行补报。至此，建水文庙的保护与开发得到实质性推进。1992年8月10日，建水一中遵照省、州、县政府统一调整文庙、学校用地的决定，启动腾让文庙工程。1990年12月至1998年，国家文物局、云南省、红河州、建水县各级政府部门积极拨款，先后维修了大成门、两庑、两碑亭、西明伦堂、文昌阁及部分围墙等。据统计，1989—2000年，建水文庙共花费1052万元进行维修，由剑川古建队负责施工。①

1999—2001年，修缮了礼门、义路坊、棂星门，牌坊、祠堂等也得到维修，包括太和元气、洙泗渊源、德配天地、

① 红河州文化局编：《红河州文物志》，云南人民出版社2007年版，第281页。

道冠古今坊，景贤、乡贤、名宦祠，金声、玉振门，东明伦堂；重建东西碑廊、杏坛、府学署。2000年12月2日，香港孔教学院院长汤恩佳先生向建水文庙捐赠了一尊孔子铜像，立于文庙入口太和元气坊与泮池正中间。2001年6月25日，国务院批准建水文庙为第五批全国重点文物保护单位，建水文庙保护提速。同年，建水一中校址界定于文庙西侧，至2005年搬迁完毕，西明伦堂及部分古树、土地划入建水一中校园。至此，建水文庙的保护与利用进入了一个新的历史阶段。2009年，全国旅游景区质量等级评定委员会公布建水文庙为国家4A级旅游景区。[1]建水文庙的建设、保护和发展上升到一个新的台阶。

① 任锐刚：《景区升级，建水文庙晋级4A》，载《春城晚报》2009年3月7日。

文运昌盛天人和：
建水文庙的选址、
布局与生态

精心选址：人杰地灵

对称宫殿式布局：宏伟壮丽

生态系统：庄严雅致

建水文庙其形制仿曲阜孔庙布局扩建而成，在选址、布局、生态等方面均有颇多讲究，在中国建筑史上具有独特地位。建水文庙选址受中国传统方位观念及五行风水影响，建于建水古城的东南部，沿纵向中轴线及横轴线安置了37座建筑，依次从南至北排列，建筑疏密相间，且保持了清代式样和基本格局，营造出七进空间。建水文庙通过选址、建筑、水系、植物等的巧妙组合，营造了一个既恢宏庄重，又不失宁静和谐、恬淡雅致，具备祭孔与教育双重功能的建筑系统。建水文庙自然生态庄严中蕴着雅趣，兼具历史感与时代感交相辉映的人文生态，达成了和谐相宜、天人合一的境界。

精心选址：
人杰地灵

建水文庙的方位

文庙最早的功能是用来祭祀孔子，皇帝代表国家亲临祭典。因此，文庙最初是国庙，其建筑规制被视为最高等级。及至后世，文庙渐与各级官学合建，兼有文治教化的功能，选址也会影响人才培养及科举，故选址时非常注重周边环境。

一般来说，受中国传统方位观念及五行风水影响，文庙多选址于城市、村庄之东、东北、东南方，也有在城市、乡村南北中轴线上偏北位置。其中，城市、乡村的东南方是首选。在传统方位观念中，"文"为上，在东；"武"为下，在西。故有"东文西武"之说。建水文庙布局在建水城的东边，建水武庙则在西边，与文庙相邻。我国古代有天干地支"五行"（金、木、水、火、土）说，东方甲乙木，代表春天：南方丙丁火，代表夏天；西方庚辛金，代表秋天；北方壬癸水，代表冬天。文庙在春天之方，万物生机昂扬，是为"吉"方，为城市或村庄美好幸福、社会发展之吉祥位，是学校之地、青年之地、文化之地。[①]建水文庙也遵循此种规制，建在建水古城的东南部。

问渠那得清如许？为有源头活水来。读书求知、儒家思想的学习与传承都需要源源不断有新人加入，学海泛舟，不断地汲取知识，涌现新思想，才能让文脉绵延不绝。建水文庙充分利用建水古城中的湖水，把湖水巧妙地作为文庙的一个组成部分——泮池。建水文庙的泮池又称为学海，池南北长约270米，东西宽约110米，呈不规则的椭圆形，池中筑一小岛，岛上建有一座亭子，名为思乐亭，为学子吟咏、观景之地。

案山和文笔塔

文庙在选址上，讲究人杰地灵，注重地理位置的选择。风水学把绵延的山脉称为龙脉，山就是龙的脉络，土是龙的肉，石是龙的骨，草木是龙的毛发。山依其位置又有祖山、护山、朝山、案山之别。案山又称龙砂，龙是高大的山体，砂是其旁边的小山丘，文庙周边有案山，则代表文运昌盛，很多文庙旁的案山上建有文笔塔。建水文庙的案山是位于文庙正南方向直线距离约3000米的拜佛山。拜佛山上矗立有一座文笔塔，始建于清道光八年（1828年），是一座实心塔，高31.4米，塔基周长与塔身高度相同。塔分为塔基、塔体和塔尖三部分，塔身下部的基座是一个梯形状的八面体，高约3米，每个转角处都有四块巨石支撑，这样的构造使得塔基异常坚固；塔体部分高约26米，并逐渐向上延展收缩；塔尖高

① 王铎、刘郁馥：《中国古代建筑》，安徽师范大学出版社2012年版，第59页。

约2米，顶端呈扁圆状，远看像一杆毛笔的笔顶。整座塔用大小不等的一万多块巨大青石砌成，文笔塔通体光滑无檐，亦无任何装饰，"非塔是塔，是塔无檐，似笔非笔，独具特色"[1]。文笔塔在案山之上，朝向远方，仰望星空，寄寓建水学子文运亨通，人才辈出，通达高远。文笔塔由于独特的历史文化价值，在当代得到了保护，1985年6月成为建水县级文物保护单位，1993年11月成为云南省级文物保护单位。

① 红河州文化局编：《红河州文物志》，云南人民出版社2007年版，第92页。

七进空间，恢宏庄重

　　文庙建筑依礼制，其布局可分为九进、七进、五进、三进。建水文庙坐北朝南，以南北向的纵轴线为中轴线，对称宫殿式布局，是中国少有的七进空间（院落）[1]，依序而建，繁而有序，由众多单体建筑组成了一个规模宏大的建筑群，南北跨度达625米，占地114亩。其总体布局仿曲阜孔庙形制，营造方式严谨，建筑宏伟壮丽。

　　建水文庙沿纵向中轴线及横轴线安置了37座建筑，依次从南至北排列，建筑疏密相间，且保持了清代式样和基本格局。南北向的中轴线上以高大宏伟的主体建筑为主，东西两边以低矮建筑相陪衬，主次分明，给人产生视觉上的强烈对比效果，烘托出主体建筑的至高地位。

　　建水文庙的第一进空间从角壁（俗称红照壁，今已不存）[2]至太和元气坊。第二进空间从太和元气坊至泮池边。其间立有孔子铜像一尊，令人肃然起敬。这两部分的主要功能

[1] 杨大禹：《云南文庙建筑研究》，云南大学出版社2015年版，第116页。

[2] 杨丰：《建水史话》，云南人民出版社2003年版，第100页。

建水文庙全景示意图（图片来源：《建水文庙历代碑文选注》）

是为进入文庙主体部分营造一个仪式性空间，具有引导性特征。高大的孔子塑像位于太和元气坊和泮池之间，居于中轴线上，孔子像日光温和慈祥，明示已经进入祭孔的场所。泮池湖面开阔，湖边绿树成荫，给人眼前豁然开朗、轻松愉悦之感。泮池北侧有一座小岛，由一座三孔石桥与岸边连通，岛上建有思乐亭。第三进空间从下马碑至洙泗渊源坊前半圆形月台广场。沿着泮池往前走到尽头，左右分设义路坊与礼

先师殿前铜香炉铭文

门坊，中间是一个半圆形广场，可以在此仰观洙泗渊源坊的宏伟气势，亦可临泮池远眺。第四进空间是洙泗渊源坊至棂星门前的区域。左边配以道冠古今坊、贤关近仰坊，右边是德配天地坊、圣域由兹坊，并配以东碑亭、西碑亭，在南北中轴线的基础上，形成东西对称展开之势，给人以平衡和谐之美。第五进空间是棂星门至大成门之间的院落。院落中央设有杏坛，以杏坛为基点，面朝大成门方向，左边是文昌阁，左前方是乡贤祠和玉振门，右边原是文星阁（现已毁），右前方是名宦祠和金声门。第六进空间是大成门至大成殿。这部分由大成门、大成殿、东庑、西庑组合成一个封闭院落，是文庙的核心建筑群，气势恢宏，庄严肃穆。外围设有西明伦堂和东明伦堂，分别为临安府学和建水州学（清乾隆年间改为建水县学）办学之地。第七进空间以大成殿后面的崇圣祠为核心建筑。崇圣祠东边设有二贤祠、仓圣祠以及元江府学，祠后有一片柏树林，古树参天，幽静至极。这七进空间构成了建水文庙的总体布局。

建水文庙的建筑布局犹如一幅出自名家之手的水墨画，浓淡相宜，疏密相间，给人心清气爽的感觉。它还似一幕精彩的戏剧，由序幕、开端、发展、高潮、尾声几个部分组成——高大的太和元气坊和开阔的泮池预示着一场大戏即将来临；下马石、礼门、义路、洙泗渊源坊是开端；棂星门、杏坛、大成门及周边的坊与庑让人们对孔子开始有了进一步的认识与期待；进入气势恢宏、庄严肃穆的先师殿让人眼前豁然开朗，视觉上受到冲击，感官上深受震撼，推进到高潮阶段；往后转而收缩为崇圣祠，直到祠后一片深邃幽静的古柏树林，至此悠然而止，一切重归于宁静，让人沉浸其中，回味绵长而悠远。

作为祭祀孔子最重要的礼制性建筑，建水文庙的建筑空间布局严谨规整，主次分明，错落有致，体现出中国传统建筑的对称、协调之美，同时显得神圣、庄重，加之于各种古树植被映衬，又不失文雅清幽之感。这种布局结构与孔子及其儒家文化提倡的礼制、中正、秩序、等级、中庸、和谐、天人合一等观念相一致。

生态系统：
庄严雅致

自然生态：草木繁盛，生机勃勃

建水文庙营造了一个良好的生态系统。按照生态学的理论，生态系统是指在一定的时间和空间范围内，生物与生物之间、生物与非生物之间，通过不断的物质循环、能量流动及信息传递而相互联系、相互影响、相互制约的生态学功能单位。[①]简而言之，就是一切生物的生存状态以及它们之间和它们与环境之间环环相扣的关系。建水文庙的布局通过选址、建筑、水系、植物等的巧妙组合，营造了一个既恢宏庄重，又不失宁静和谐、恬淡雅致，兼具祭孔与教育双重功能的生态系统。

植物是生态系统的一个重要组成部分。在植物配置上，"作为祭祀孔子的庙宇，孔庙的植物配置整体上体现出庄严肃穆的气氛，而对于地方孔庙来说，由于具有学校的性质，整体除了要体现整齐有序的环境氛围外，植物选择上还非常注重文化寓意，采用特色植物"[②]。古代祭祀之地，

① 梁士楚、李铭红主编：《生态学》，华中科技大学出版社2015年版，168页。
② 彭蓉：《中国孔庙建筑与环境》，中州古籍出版社2011年版，第133页。

建水文庙植被景观

在树种选择上经常选择柏树等常绿树种，植物景观整体色彩稳重。柏树树干通直挺拔，生长较快，适应性强，且树姿优美，苍劲葱郁，经风耐寒，四季常青，寿命长久。在中国传统文化中，松树、柏树有坚毅、永恒、不屈不挠的象征意义，孔子曾说过"岁寒，然后知松柏之后凋也"，因而祭祀的庙宇中松、柏使用广泛。建水文庙为了营造良好的生态，种植了大量各色花草树木，如圆柏、龙柏、侧柏、乌柏、云南松、清香木、罗汉松、榕树、朴树、红椿、紫薇、腊梅、山茶、金桂、银桂、无患子、木棉等，其中以柏树最多。建水文庙的很多现存植物已经拥有两百年以上树龄，仍然郁郁葱葱，充满生机。建水文庙原有两株植于元至元二十二年（1285年）的圆柏，位于大成殿丹墀下，另有同样植于元代的古桧两株，古柏数株。嘉庆《临安府志》载："大成殿丹墀下古柏数株，皆元时植。"[①]大成殿外还有种植于明洪武二十二年（1389年）的红山茶一株。西明伦堂前有一株小叶榕和柏树共生，小叶榕包裹着柏树。因小叶榕属常绿乔木，

---

① 嘉庆《临安府志》卷16。

云南松

紫薇

灌木三角梅

建水文庙研究

别称万年青，"柏"与"白"谐音，故被当地人称为"万将军抱白小姐"。此外，有的云南松已有二百年树龄，清香木有一百八十年历史，紫薇有一百八十年历史，金桂已有一百六十年历史。

榕树被云南少数民族地区的人们认为是神树，紫薇有古代文官之意，桂花树也是神树，故考中科举有"蟾宫折桂"一说。这些植物都被赋予美好的象征意义，故而在建水文庙的园林环境营造中选择这些意蕴丰富的植物。

文庙植物的种植形式大都以丛植、列值、对植、孤植为主。但对于建水文庙，上述种植形式没有严格采用，更多的是考虑植物在教育中的美育价值，大量采用花灌木，从泮池四周，一直到中轴线两侧都有种植，尤以大成殿为盛。"建水文庙大成殿空间中的植物现在的种类就达到11种，其中有元代1286年种植的桧柏一株，明清年代的古树有明洪武的金桂、银桂，清康熙的华东山茶、清嘉庆的清香树、清康熙的云南松，民国时期种植的有腊梅一株。"[①]这些植被穿插于建水文庙建筑群之间，互相映衬，相得益彰。

三月的文庙，洙泗渊源坊、大成殿高大庄严，从泮池思乐亭上远观洙泗渊源坊广场及两边的礼门、义路，加之临水的石栏，犹如一座城池，蔚为壮观。思乐亭、杏坛则显得精巧别致，泮池碧波荡漾、四围绿树成荫，鲜花绽放，生机盎然。棂星门旁绿草如茵，德配天地坊边木棉花开满一树，大成殿前古柏森森，安静肃穆。东明伦堂一侧的观书长廊阳光明媚，适宜品茶阅书。

建水文庙各具特色的建筑与种类繁盛的植被花草、宽阔的学海融为一体，让人在瞻仰圣贤，潜心求学之余，心旷神怡，体现出文庙优美的生态系统建构与庄重雅致的内蕴完美

① 彭蓉：《中国孔庙建筑与环境》，中州古籍出版社2011年版，第148页。

融合，映射出中国传统文化天人合一的至高境界。

人文生态：历史感与时代感交相辉映

建水文庙不仅营造了宁静优美的自然生态，还具有历史感与时代感和谐相宜、交相辉映的人文生态。人文生态是与自然生态相对存在的，自然生态体现的是生命有机体与周边无机环境的相互关系，而人文生态则展现人与其周边人文环境的相互关系。①人与经济、政治、社会和文化等诸多因素构成的人文环境间有着复杂多变的相互关系，它们共同构成了人文生态系统。建水文庙坐落于临安古城内，临安古城于元、明、清三朝数百年间是滇南的经济、政治及文化中心，名人众多，名胜古迹遍布，自明朝以来更是作为临安府的府治所在地，经济、政治、文化、社会较为发达，因地理位置等优势，建水文庙持续得以修缮和维护，与临安古城互惠共生。

民国时期，开滇南现代教育先河的临安中学在建水文庙应运而生，抗日战争和解放战争期间，建水文庙以临安中学为依托，成为滇南革命工作的策源地。新中国成立后，建水文庙作为建水一中的校舍和教学场所，直至20世纪90年代末期仍为教育发挥积极作用。如今，建水一中虽已搬出建水文庙，但与建水文庙仅一墙之隔，建水文庙仍是学生自习的重要场所。历史悠久的建水文庙与洋溢着青春朝气的建水一中并肩而立，相映成趣。

① 李岚：《人文生态视野下的城市景观形态研究》，东南大学出版社2014年版，第9页。

一庙三学，庙学相长

　　作为地方性文庙，建水文庙庙学合一，兼具祭孔和教育的功能。一般的文庙布局遵从左庙右学，以左为尊。建水文庙则打破常规，中庙左右学。孔庙在中间，左、右皆为学校。左边为建水州学，右边是临安府学，右后方是后来迁入的元江府学，呈现了一庙三学的格局，打破了常规的一庙一学建制，这在全国文庙中极为罕见。祭祀孔子与文化教育相互融合，相得益彰，实现了庙学相长。

礼制教化蒙后训：
建水文庙的祀制与礼仪

盛大恭谨：建水文庙祀制

万世师表：建水文庙中的孔子

才华横溢，各具所长：建水文庙四配十二哲

宗庙在中国古代政治社会中具有尊贵的地位，既有祭祀祖先的功能，又有文治教化的作用。在漫长的发展历史中，建水文庙形成了一套完整的祭祀制度与礼仪，体现出古代君王与民众对祭祀的重视及对孔子的敬仰，也反映出社会礼乐文化的进步与繁荣。建水文庙既继承了中原的祭孔祀制，又生发出兼具地域文化特色的礼制。

盛大恭谨：
建水文庙祀制

建水文庙祭孔的历史

明清时期，儒家思想成为滇南文化的主流，相应的尊孔祭孔礼仪活动亦应运而生。建水文庙的祭孔活动最早始于明弘治年间，已经有六百多年历史。嘉庆《临安府志·典礼》载："每岁仲春、秋月，文武官员以上丁之日致祭先师孔子。"按照当时的祀制，临安府的文武官员每年要在春、秋季第二个月上旬的丁日祭祀孔子。祭祀当天，官吏、文人等都要到大成殿前参加祭孔仪式。祭祀中伴以乐舞，场面盛大而隆重。

近代以来，随着封建制度的瓦解，儒学失去了制度性保障，但这并没有影响建水的祭孔仪式，因为它已经内化为地方民俗文化传统的重要组成部分。据王宪斌的《重修文庙功德碑记》记载，1910年9月，地方士绅组织捐资修葺建水文庙，不仅建水当地士绅积极捐资，"个旧、香港诸乡人及郡人士，亦闻风兴起，相率解囊。月余之间，遂集巨款"[1]。其间

---

① 王宪斌：《重修文庙功德碑记》，见杨丰编撰《建水文庙历代碑文选注》，建水文庙管理处2004年版，第148页。

重建了西壁、明伦堂及二贤、名宦、乡贤、节孝等祠，1911年9月完工。1916年，建水士绅仍在祭祀孔子，"凡有血气莫不尊亲而庙祀"①。可见，清王朝虽已经被推翻，儒学失去了其官方制度的保障，但地方文人士绅对孔子崇敬依旧。

"建水祭孔仪式在官方的推动下与民间文化相互融合，而这种融合又是一个双向性的过程。这样的结果就是祭孔仪式拥有了更广泛的生存空间。"②

民国时期，建水文庙的祭孔仪式中已融入当地的洞经音乐，地方士绅取代官方成为祭孔仪式的组织者。新中国成立后，儒家学说在思想领域的统治地位丧失，退出政治意识形态的舞台。1950年以后，祭孔仪式被认为是封建迷信，洞经会作为祭孔仪式的操演主体已不能正常开展活动。③因而，建水文庙失去了祭祀孔子的功能，只发挥学校的功能（作为云南省建水中学的校址），祭孔仪式从此中断。祭孔成为一种历史记忆和情节深藏在民众的心中，并未远去。人们通过各种方式保留了与洞经音乐和祭孔仪式相关的用品，如被藏入墙中的《明圣经》和保存于云南省图书馆内的《舞颂图》，这些宝贵资料的复制品在祭孔仪式恢复中起到关键作用。④1978年，国家实行改革开放，以儒家学说为代表的中国传统文化逐渐得到客观辩证的看待。1985年，重新组建的洞经音乐会在临安古城朝阳楼上进行了中断多年后的首次洞经音乐表演，此后表演逐渐公开化。

进入21世纪，随着中华优秀传统文化价值的深入发掘和认可，建水文庙的祭孔仪式也得到了继承和弘扬，祭孔的内容和形式也随着时代发展而变化。2005年9月28日是孔子诞辰2556周年之日，全球首次联合祭孔活动在世界各地孔庙同时展开。⑤建水文庙也同步举行为期10天的"中

① 王宪斌：《重修文庙功德碑记》，见杨丰编撰《建水文庙历代碑文选注》，建水文庙管理处2004年版，第148页。
② 盖建民编：《开拓者的足迹：卿希泰先生八十寿辰纪念文集》，巴蜀书社2010年版，第707页。
③ 盖建民编：《开拓者的足迹：卿希泰先生八十寿辰纪念文集》，巴蜀书社2010年版，第708页。
④ 盖建民编：《开拓者的足迹：卿希泰先生八十寿辰纪念文集》，巴蜀书社2010年版，第708页。
⑤ 董学清、张崇防：《孔子诞辰2556周年全球首次联合祭先圣》，载《青年报》2005年9月29日。

国·红河建水孔子文化节"。①孔子文化节最隆重的祭孔仪式分为孔子巡游、迎圣和祭祀三部分，把展示祭孔的盛大历史场面与地方特色结合起来。与此同时，邀请知名儒学专家开展以儒学、儒教与儒商、儒家文化与和谐社会等为主题的儒家文化思想论坛，增加了大型文艺晚会、全省根艺美术作品展、文化旅游商品展、交流街等活动。②孔子文化节延续了祭孔仪式的传统，并结合地方经济、文化和社会发展实际融入了丰富多彩的地方特色活动。此后，每年的9月28日，红河州都会以建水文庙为中心举行"红河建水孔子文化节"。传统祭祀则在洞经音乐的伴奏中进行。祭孔仪式遵古制，身着专用祭孔制服的队伍，举圣像、执礼器、奉祭品、奏祭乐、献祭舞，从洙泗渊源的牌坊下循甬道直达大成殿前，献五谷三畜，宣读祭文，各界嘉宾代表分别上台敬献花篮并行鞠躬礼，整个活动场面气势恢宏而又庄严、肃穆。

祭孔祀典仪程

建水文庙祭孔祀典有六项主要仪程，即迎圣、初献、亚献、终献、撤馔、送圣。祀典程序、祭奠规格、乐舞编制、服饰、舞具和贡品等，都有严格的规定。祭祀典礼以乐歌贯穿始终。乐章以颂扬孔子功德为主要内容，歌词四言八句，承袭了我国周代雅颂乐歌诗体。

建水文庙祭祀中演奏的《崇圣礼乐》是建水地域性的音乐，由文庙中的乐舞生负责演奏。它源于宫廷祭祀音乐，又吸收了部分民间音乐，形成了锣鼓乐、吹打乐、丝竹乐等多种演奏形式。后来，祭孔仪式融入了明代传入建水的洞经音

① 中国儒学编辑委员会编：《中国儒学年鉴2006》，山东《中国儒学年鉴》社2006年版，第328页。
② 杨文广：《歌醉云乡 散文·诗歌集》，云南美术出版社2009年版，第34页。

乐，演奏者把对孔子、文庙的赞颂融入一些古代的词牌、洞经曲调之中，祭孔时进行演奏。洞经音乐曲牌较丰富，乐队编制齐全，乐器种类较多，有独特的合奏手法，曲调板式严谨，风格或古朴典雅，或气势恢宏。除祭孔仪式外，洞经音乐还在多种习俗活动中演奏。如每年农历八月二十七日的"孔子会"便是以洞经音乐奉祀大成至圣先师牌位。

在文庙祭孔之外，对孔子的尊奉延伸至本地民俗活动之中，足见建水文教之兴。2019年10月3日，笔者再次到建水文庙考察，恰逢中华人民共和国成立七十周年，建水文庙国庆节期间举行祭孔仪式，仪式中演奏了洞经音乐。红河州第八批非物质文化遗产项目（洞经音乐）代表性传承人、建水文庙古乐队队长孙本义先生[①]为笔者提供了《贺圣朝》《一江风》《倒拖船》《南清宫》《鱼卧浪》《转新令》《转颂》的乐谱。建水的洞经音乐源于明代，兴盛于清代，经过几百年的发展演变，形成了独具本土特色的民间艺术形式。[②]孙

《贺圣朝》曲谱（建水文庙古乐队队长孙本义先生提供）

① 孙本义先生于2017年7月被红河州文化体育和广播电视局命名为红河州第八批非物质文化遗产项目（洞经音乐）代表性传承人。
② 汪致敏：《建水洞经音乐初探》，载《民族艺术研究》1994年第5期。

本义先生提供的古乐谱都是以传统曲牌为基础，儒、释、道混合，融入对孔子学说及功德的赞颂之词。如《贺圣朝》的歌词为："先师孔子，至圣大成，弟子三千继世传，四维并八德，圣域黉门，诲人终不倦，有教无类大圣人。"[1]歌词赞扬孔子在教育领域的贡献，表达对孔子的敬仰之情。这些曲目在曲体结构方面与原有的曲牌无本质差别，只是洞经乐队在演奏时，节奏快慢、装饰音的安排、旋律的婉转起伏，使用的乐器以及演奏技巧，乐曲处理、风格特点等方面发生了一些变化，凸显出地域的特色。[2]乐谱通过各种传统中国乐器的合奏演绎，呈现出或欢快跳跃、或激昂雄壮、或高亢嘹亮、或低沉浑厚的风格特色。不同乐器的组合能表现不同的主题和内容，把祭祀孔子过程中的节奏、情绪、气氛和情感淋漓尽致地展现出来，增强了祭孔仪式的感染力和吸引力。洞经音乐不仅娱神，也具有娱人的功能，因而深受建水百姓喜爱，得以广泛流传至今。随着时代的变迁，祭孔音乐又融入了新的演奏形式。2009年建水文庙举行的孔子文化节就加入了彝族过山号的演奏，把云南本土民族乐器加入其中，增添了地方民族文化特色。

祭孔乐舞是用于祭祀"至圣先师"孔子的乐舞，被称为"六代之乐"，是集歌、舞、乐三位一体的艺术表现形式，是祭孔仪式不可或缺的组成部分。建水文庙祭孔乐舞始于明朝中期，据康熙《建水州志》记载，明弘治八年（1495年），云南按察副使李孟晖、知府王济重修庙学，"不数月而厥工告成，自大成殿、明伦堂而下，以楹计凡若干有奇。视其规，悉宏丽有加。庙之祭器与乐舞岁久亦敝，又以，修葺之。余力咸一新焉。落成之日，殿宇增辉，礼献益虔，士民相庆"[3]。得益于李孟晖和王济购置祭孔使用的乐舞器具，

---

[1] 根据建水文庙古乐队队长孙本义先生提供的乐谱整理而成。
[2] 詹石窗总主编：《百年道学精华集成第9辑 文艺审美 卷5》，上海科学技术文献出版社2018年版，第123页。
[3] 康熙《建水州志》卷18。

命儒学子弟学习并用以祭祀孔子，自此，祭孔乐舞开始在建水兴起。明清时期，参加祭孔仪式的舞生要求严格，需要成绩优异的十二三岁男童才能担任。舞佾生的规模视被祭祀者的地位和级别而定，六佾舞共48人，用来祭拜诸侯，八佾舞共64人，用来祭拜天子。明清时期建水文庙祭孔仪式有48位舞佾生（现在已改为36人），按古代规制来讲是诸侯地位。

"舞生身穿红缎长袍的汉服，绿色绸带系于腰间，头戴金铜制成的顶帽，并用以雅乐舞中诸侯的六佾舞规格列队，横列6人，纵列8人，共48人，左手执龠在内，右手执翟在外，分为两组立于大成殿前的左右两侧。待祭孔活动进行到初献、亚献与终献阶段时，舞生按乐谱作势表演，舞蹈动作有46个，分为立、舞、首、身、手、步、足、礼八类，每一舞蹈动作都有特定内涵，以传达尊孔重儒之意。"①2005年以来，官方主办建水文庙祭孔大典后，舞乐生的选择标准发生了变化，不再以性别和成绩作为标准。女性开始加入到乐生的队伍中，舞生则全部为女性，年龄和身份也有所变化，多为十五六岁具备舞蹈特长的中学生，有一部分是建水本地艺术团的舞蹈演员。②

建水文庙在祭祀的历史长河中，祀典不断完善，并形成了一个完整的系统，通过典籍保存下来。建水文庙祭孔仪式的文本《大成礼乐》表明，现行祭孔仪式中，总指挥、引赞、陪赞、舞佾生、读祝生、献礼生均有人员定额，乐队与仪仗队则无明确人数限制。祭祀的用品包括三牲（猪、牛、羊）、果品、乐器等，均明确列出，但与民国《续修建水县志·典礼》中所列祭品相比，种类明显减少。祭祀程序中需要歌咏五章祭文，即迎神奏昭平之章、初献奏宣平之章、亚献奏秩平之章、终献奏叙平之章、撤馔奏德平之章，对孔子的功德

① 林东旭：《滇南建水祭孔乐舞变迁研究》，载《河南教育学院学报（哲学社会科学版）》2017第1期。
② 林东旭：《滇南建水祭孔乐舞变迁研究》，载《河南教育学院学报（哲学社会科学版）》2017第1期。

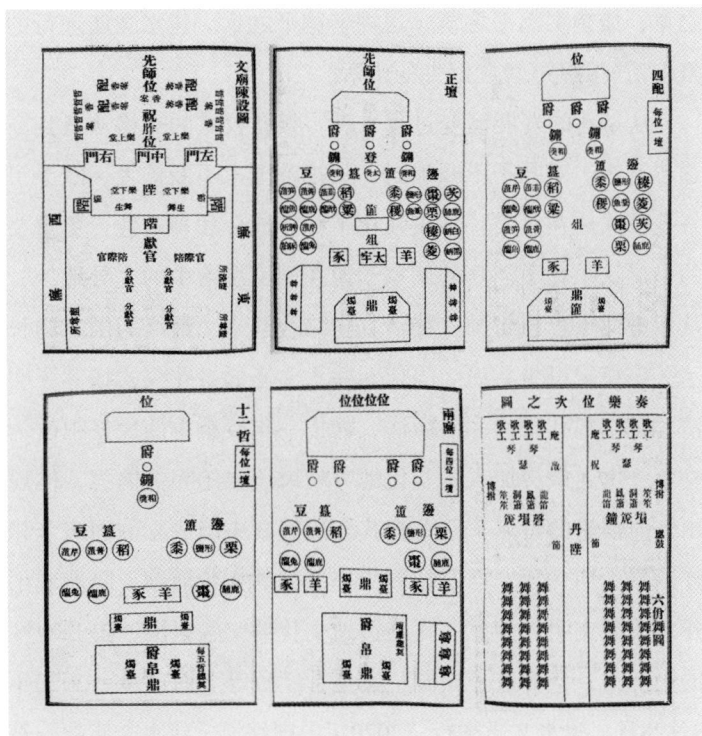

建水文庙祭孔祀典图（图片来源：雍正《建水州志》）

进行评价与颂扬，表现对孔子的怀念、崇敬与景仰之情。相比嘉庆《临安府志》记载的乐章，现行的祭孔祀典少了一个乐章，即送神环节演奏的《懿平之章》。各乐章的内容也有所差别，省略了部分章句。祭祀的乐章经历了一个由繁至简的过程，元朝为十六章，明代则为六章，以"和"命名：迎神奏咸和之章，奠帛奏宁和之章，初献奏安和之章，业、终献奏景和之章，撤馔奏咸和之章，送神奏咸和之章。清初继承了明代的乐章演奏形式，共六章，命名为"平"。①乾隆七年（1742年），朝廷对顺治乐章进行全面修订，迎神奏昭平之章，奠帛初献奏宣平之章，亚献奏秩平之章，终献奏叙平

① 董喜宁：《孔庙祭祀研究》，中国社会科学出版社2014年版，第331页。

之章，撤馔奏懿平之章，送神奏德平之章。建水文庙现行的祭祀乐章沿用了乾隆时期的乐章。

从祭孔的发展演变过程来看，祭孔仪式的规格从低到高逐步升级。对孔子不断加封，从祀范围也不断扩大，赋予了祭孔仪式内在意义，不仅强化了孔子地位和神圣性，更重要的是确认了孔子创立的儒家学说在国家统治中的主导地位，从而把儒家思想与国家统治真正结合起来，最终为国家的长治久安奠定思想共识。当代，建水文庙的祭孔仪式扬弃了明清时期祭祀孔子的一些做法，如把一年春秋季两次祭祀改为一年一次，祭文加入了当代地方发展历史的相关内容，体现出与时俱进的特点。祭孔仪式与庆祝新中国成立的国庆节相连通，为期10天，已经拓展为一系列的文化活动，既展现了建水千载文明，儒家文化与边地文化的交融氛围，提升地区的影响力，又促进了旅游、文化、经贸等全面进步。2020年9月28日，建水文庙举行"2020年中国红河·建水文庙秋季祭孔大典"。自2005年起，建水文庙每年举办大型祭孔活动已成为建水县的标志性文化盛事。祭孔仪式从时间和空间维度得到了前所未有的拓展，儒家文化与地方文化融合达到了新的高度，为推动少数民族地区经济文化发展提供了新动力。如今的建水祭孔仪式已成为地域文化一个不可或缺的组成部分，不仅是民众心目中的文化符号和文化记忆，更已深深嵌入地方经济社会发展的进程之中。

万世师表：
建水文庙中的孔子

建水文庙中的孔子像

在文庙中设孔子像祭祀孔子肇始于汉代，最初使用的是画像，后来逐渐演变为塑像。塑像的材质有所不同，如曲阜孔庙内的孔子像为泥塑，在建水文庙大成殿中，孔子是正祀，为泥塑，坐北朝南，并放在一个神龛里供奉，神龛由整块巨石凿成，龛上放置一个雕刻精致的木阁，孔子像端坐在木阁内的雕龙宝座上，龛的左侧立着孔子牌位"至圣先师孔子神位"，底色为朱红色，字为金色，牌位上方有小巧精细的雕刻花纹。龛前面是香案，由一整块石制成，长有一丈多，高三四尺，花纹绘饰雅致，造型优美。如今，香案从左至右，依次供着马、牛、猪的白色塑像作为祭品。在龛和香案中间木制案台上，放置了铜制香炉、爵等祭器。

建水文庙先师殿孔子像

才华横溢，各具所长：
建水文庙四配十二哲

建水文庙大成殿内最早供奉着四配，万历三十四年（1606年）十一月，建水发生大地震，文庙几乎全部损毁，[1]四配像也概莫能外，后来又几经修复，现在又重新绘塑在大殿内东西两侧。四配是孔子的配享，是最受儒家推崇的孔子学说的四大传人，具体指颜子（颜回）、曾子（曾参）、子思子（孔伋）、孟子（孟轲）四人。如今，四配在先师殿的摆放位置为东西两侧、两两相对，东边为颜子、子思子，西边为曾子、孟子。四配的塑像放置在龛内，塑像前面有供桌，上面依次立着四配的牌位，"复圣颜子回神位"（四配首位）、"宗圣曾子参神位"（四配第二位）、"述圣子思子伋神位"（四配第三位）、"亚圣孟子轲神位"（四配末位），供桌上摆着各式铜制祭器。

颜子（前521—前481），名回，字子渊，亦称颜渊，春秋末年鲁国人。颜子是孔子最得意的弟子，以善良谦逊、聪慧好学、极具仁德著称，列孔门德行科之首。可惜天不假年，不幸早逝，其思想学说对后世影响不大。汉代首次祭祀

[1] 柯治国主编：《建水文庙——开启滇南文明的圣殿》，云南美术出版社2004年版，第12页。

建水文庙颜回、子思像

孔子七十二弟子时，颜子位列第一。唐代颜子被先后追赠为太子少师、太子太师、兖公，宋代改封为兖国公，元代封为兖国复圣公，明代改称为复圣。颜子自汉代起便入配享之尊，四配成型后，一直被列为四配之首。颜回的道德修养、人格境界以及思想都达到了很高的层次，还具备代孔子授徒的能力和资格。颜回身上显露出超然洒脱之乐，是孔子思想的践行者之一。建水文庙先师殿内的颜子像为坐像，身着深绿色衣服，脸膛白净，双手收于袖内，与子思子像同列一龛内。

曾子（前505—前435），名参，字子舆，春秋末年鲁国南武城（今山东嘉祥县）人，思想家、教育家。曾子是孔子弟子中独得孔道大宗的大贤人，他把孔门之学尽传于孔伋，在孔门弟子中功劳最大。著作有《大学》《孝经》等，为儒家重要经典，位列"十三经"。曾子积极推行、传播儒家的主张及思想，修身齐家治国平天下的政治观，慎独的修养观，"吾日三省吾身"的修养方法，以孝为本的孝道观，深刻影响了中国两千多年的社会文化传统，许多主张至今仍具有现实意义。自唐以来，曾子被先后加封为太子太保、武城侯等，并于宋咸淳三年（1267年）列入配享。建水文庙先师殿的曾子像为坐像，身着紫色衣服，右手持一卷册，左手抬于胸前，有胡须，与孟子像同置一龛内。

子思子（约前483—前402），名伋，字子思，孔子嫡孙，孔鲤之子。子思的父亲孔鲤五十岁去世，母亲改嫁到卫国，孤苦伶仃，后来子思就跟着祖父孔子生活，受儒学熏染，养成了勤奋好学、刚毅坚卓的品格。子思子是战国时期杰出的思想家、哲学家、儒家学派代表人物。子思子宋代被封为沂水侯、沂国公，元代被封为沂国述圣公。子思子进入孔庙祭祀行列较晚，宋徽宗时才开始从祀，位列二十四贤，宋理宗时，升为十哲，宋度宗咸淳三年（1267年），升为四配。建水文庙先师殿内的子思像为坐像，身着朱红色衣服，双手交置于胸前，似行"执手礼"，有胡须，与颜回像同置一龛内。

孟子（前372—前289），名轲，字子舆，一说字子车或子居，战国中期邹国（今山东邹城）人，中国伟大的思想家、教育家、政治家。孟子是战国时期儒家的代表人物，他继承和发扬了孔子的学说，唐宋之间的"孟子升格运动"之

建水文庙曾子、孟子像

后，成为仅次于孔子的一代儒家宗师，有"亚圣"之称，与孔子合称为"孔孟"，他们的思想学说统称为"孔孟之道"。孟子由于其学说的影响力，被历代有学之士推崇，逐渐确立了他在儒学体系中的独特地位。最早是东汉的赵岐首次称孟子为"命世亚圣之大才"。宋元丰六年（1083年），孟子被封为邹国公，次年，列入配享。元至顺元年（1330年），文宗皇帝加赠孟子为邹国亚圣公。明嘉靖九年（1530年），改称亚圣。自此，"亚圣"便成了孟子的代名词。建水文庙先师殿内的牌位即为"亚圣孟子轲神位"。孟子像为坐像，身着蓝色衣服，双手平放于膝上，与曾子像同置一龛内。

十二哲在文庙的奉祀中属于配祀第二等，共有十二人，故称之为十二哲。文庙奉祀先哲始于唐开元八年（720年）。唐玄宗李隆基接受国子司业李元瓘的建议，将之前配祀的颜回等十人改为坐像，称之为十哲，[①]后来十哲发生多次变更，至清乾隆三年（1738年），十二哲最终被确定下来。[②]他们是：闵损（字子骞）、冉雍（字仲弓）、端木赐（字子贡）、仲由（字子路）、卜商（字子夏）、有若（字子若）、冉耕（字伯牛）、宰予（字子我）、冉求（字子有）、言偃（字子游）、颛孙师（字子张）、朱熹。这十二哲中，除朱熹为宋代理学家，其余均是孔子的弟子。《论语·先进》中对孔子的弟子的品行才能有记载，德行如颜渊、闵子骞、冉伯牛、仲弓；言语如宰我、子贡；政事如冉有、季路；文学如子游、子夏。十二哲才华横溢，各具所长，共同继承发扬了儒家学说。建水文庙亦在先师殿内孔子两侧配祀十二哲。

闵损（前536—？），字子骞，春秋末年鲁国人，比孔子小十五岁。在孔子弟子中，因德行与颜子并称，而其孝悌之德尤为人所称颂。唐开元年间加入到奉祀行列，为十哲之一，追封为"费侯"，宋代加封"琅琊公""费公"，明代改称"先贤闵子"。闵损具备孝悌、仁义、耿直的性情品格，为后人所称颂，也是其列为十二哲之首的原因。建水文庙先师殿内的闵损像为坐像，身着蓝色搭配朱红色服饰，左手手心向上置于胸前，右手捋胡须，头挽发髻，身前立"先贤闵子损神位"，与冉雍像同置一龛内。

冉雍（前522—？），字仲弓，春秋末年鲁国人，比孔子

①《唐会要》卷35《褒崇先圣》。
②《清史稿·礼三·先师孔子》。

小二十九岁。他与冉耕（伯牛）、冉求（子有）是同父异母的兄弟，均在孔门十哲之列，世称"一门三贤"。冉雍出身卑微，《史记》称之为出身于"贱人"之家，孔子谓之"犁牛之子"。冉雍品学兼优，为人宽宏大度，孔子称赞他"雍也可使南面"，行端品高，有人君的气度。唐开元年间，冉雍进入奉祀十哲之一的行列，并被追封为薛侯，宋代加封为下邳公，后改称为薛公，明代改称先贤冉子。建水文庙先师殿的冉雍像为坐像，身着朱红色衣服，身前立"先贤冉子雍神位"，与闵损像同置一龛内。

端木赐（前520—前456），复姓端木，名赐，字子贡，春秋末期卫国人，比孔子小三十一岁。唐开元年间进入奉祀十哲之列，追封为黎侯，宋代加封黎阳公、黎公，明代改称先贤端木子。子贡办事通达，善于经商，口才出众，能言善辩，精通外交，有济世之才，孔子曾称他为"瑚琏之器"，瑚琏是宗庙里盛黍稷的祭器，这里意指子贡品格高贵，能担大任。孔子对他的器重仅次于颜回，子贡是孔子的得意门生。有两个现象值得关注，《论语》中，孔子与弟子的对话，子贡最多。司马迁在《史记·仲尼弟子列传》中对子贡的记述文字是孔子弟子中最多的。建水文庙先师殿的端木赐像为坐像，身着淡蓝色衣服，右手置于膝上，左手抬在胸前，身前立牌位"先贤端木子赐神位"，与仲由像同置一龛内。

仲由（前542—前480），字子路，又字季路，春秋末年鲁国卞（今山东泗水县东）人。他比孔子小九岁，是孔子弟子中年龄较长的。仲由于唐开元年间进入奉祀十哲之列，追封为卫侯，宋代加封河内公，又称卫公，明代改称先贤仲子。建水文庙先师殿的仲由像为坐像，身着深红色衣服，右手置于膝上，左手抬于胸前，掌心向外，脸型宽大，眉毛上扬，络腮胡须，身前立牌位"先贤仲子由神位"，与端木赐像同置一龛内。

卜商（前507—？），字子夏，也称卜子夏、卜先生，春秋末年晋国温地（今河南温县）人，比孔子小四十四岁。《论语》提及十九次。郭沫若认为子夏的思想中有法家精神，早期法家李悝、吴起、商鞅的思想就来源于子夏。[①]子夏在唐开元年间进入孔庙祭祀十哲的行列，追封为魏侯，宋代加封河东公、魏公，明代改称先贤卜子。建水文庙先师殿的子夏像为坐像，身着浅蓝色衣服，抬于胸前，似在边说边划，有胡须，身前立牌位"先贤卜子商神位"，与有若像同置一龛内。

有若（前518—？），字子若，春秋末年鲁国人，比孔子小三十三岁，是孔子晚年的学生。有若勤奋好学，品学兼优，博闻强记，是孔门很有名望的弟子。子若于唐开元二十七年（739年）被追封卞伯，宋大中祥符二年（1009年）加封平阴侯，明嘉靖九年（1530年）改称先贤有子，清乾隆年间升为十二哲之一。建水文庙先师殿的有若像为坐像，身着紫色衣服，双手抱于膝前，脸庞白净，身前立牌位"先贤有子若神位"，与卜商像同置一龛内。

宰予（前522—前458），字子我，亦称宰我，春秋末年鲁国人，比孔子小二十九岁，曾任鲁国要职，"孔门十哲"之一，排名在子贡之前。宰予能言善辩，被孔子许为其"言语"科的高才生，与子贡同以长于辞令著称，思维活跃，善于思考，常与孔子讨论问题，《史记》亦称其"利口辩辞"。曾跟随孔子周游列国，由于对外交往能力突出，游历期间常受孔子派遣出使各国，比如出使齐国、楚国。唐玄宗开元二十七年（739年）被追封为齐侯，宋大中祥符二年（1009年）又加封临菑公，南宋咸淳三年（1267年）改封为

---

① 张岱年主编：《孔子百科辞典》，上海辞书出版社2010年版，第273页。

齐公，明嘉靖九年更正祀典，改称为先贤宰子。建水文庙宰予亦为坐像，头上无冕，有发髻，长黑胡须，与冉耕像同置一龛内，像前牌位所书文字与曲阜孔庙相同，为"先贤宰子予神位"七字。

冉耕（前544—？），字伯牛，春秋末期鲁国人，比孔子小七岁。他在孔门中和颜渊、闵损、冉雍以德行并称。冉耕因其为人正直和善，对孔子的思想学说掌握得非常扎实，细致入微。孔子做鲁司寇期间，曾任命冉耕担任中都宰，施行仁政，以德惠民，政绩突出，得到老百姓的认可，因而经常得到孔子的称赞。唐开元八年（720年），唐玄宗李隆基称冉耕为十哲之一，将站像改为坐像。开元二十七年（739年）封为郓侯，北宋加封为东平公，南宋改封为郓公，明嘉靖年间改称为先贤冉子。建水文庙中，冉耕是坐像，位于宰予像右侧，其面前竖有"先贤冉子耕神位"。

冉求（前522—前489），字子有，亦称冉有，春秋末年鲁国人，比孔子小二十九岁，与宰予同岁，性格活泼爽朗，办事果断，多才多艺，孔子一再称道"求也艺"，以政事著名。唐开元八年（720年），唐玄宗李隆基诏称"十子"为"十哲"，改站像为坐像。唐开元二十七年（739年），被追封为徐侯，北宋大中祥符二年（1009年）追封为彭城公，咸淳三年（1267年）改封为徐公。明嘉靖九年（1530年）更正祀典，改称为先贤冉子。清乾隆年间被定为十二哲之一。建水文庙中冉求为坐像，无冕，有发髻，手持一册竹简，像前牌位书"先贤冉子求神位"七字，与言偃像同置一龛内。

言偃（前506—前443），字子游，亦称言游，春秋末期吴国（今江苏常熟一带）人，也有人认为是鲁国人，"言偃为鲁人抑为吴人，后儒颇有争执"[1]。言偃比孔子小四十五岁，是孔子七十二弟子中唯一的南方人，是孔子晚年的学生。他学成后南归，道启东南，对江南文化的繁荣有很大贡献，孔子曾云"吾门有偃，吾道其南"，意即门下有了言偃，孔子的学说将在南方传播。[2]后被誉为"南方夫子"。建水文庙言偃为坐像，与冉求像并列坐于神龛中，双手上下相对呈抱月姿势，右手在下，左手在上，挽发髻，黑胡须，牌位所书文字为"先贤言子偃神位"，与冉求像同置一龛内。

朱熹（1130—1200），字元晦，又字仲晦，号晦庵，晚称晦翁，谥文，世称朱文公，婺源（今属江西）人。朱熹是继孔子、孟子之后的又一个儒学集大成者，宋朝著名的理学家、思想家、哲学家、教育家、诗人，闽学派的代表人物，儒学的重建者，程朱理学的集大成者，世尊称为"朱子"，其学说被称为"朱子学"。朱熹的理学思想对元、明、清三朝影响很大。建水文庙的朱熹像为坐像，头戴蓝色头巾，身着赭红色袍服，双手交叉收于衣袖内，牌位所书文字为"先贤朱子熹神位"，与颛孙师同置一龛内。

颛孙师（前503—？），复姓颛孙，名师，字子张，春秋末期陈国阳城（今河南登封境内）人。颛孙师比孔子小四十八岁，《论语》中提及二十次，位列孔门十二哲之一。颛孙师出身微贱，才貌过人，性格开朗，为人豁达，孔子曾评价其"师也辟"即此意，善于广泛地结交朋友，既能尊敬结交贤明的人，又能接纳普通的人，既能赞赏好人，又能可怜同情无能的人。建水文庙的颛孙师塑像为坐像，与朱熹同在一像龛内，身着红色衣服，头上有发髻，黑胡须，右手平放于膝上，左手掌心侧向上，牌位文字为"先贤颛孙子师神位"，与朱熹像同置一龛内。颛孙师塑像前供桌上有尊、

---

① 黄绍祖：《颜子研究》，正中书局1977年版，第323页。

② 张澄国主编：《先秦吴越人物传略》，古吴轩出版社2016年版，第142页。

爵、烛台、香炉等铜制祭器。

建水文庙除四配十二哲之外，在先师殿两侧的东庑、西庑祭祀先贤、先儒共156人。先贤是指文庙附祭的第三等，共79人，先儒是文庙附祭的第四等，共77人。东庑共15开间，前7间供奉东周公孙侨等40位先贤的木主牌位，后7间供奉东周公羊高等39位先儒的木主牌位。西庑共15间，前7间供奉东周蘧瑷等39位先贤的木主牌位，后7间供奉东周谷梁赤等38位先儒的木主牌位。

在悠久的历史长河中，建水文庙形成了一套完整而严谨的祭祀制度与礼仪，充分展现了儒家文化的演化进程，文庙中四配及十二哲的取舍也能折射出中国儒家文化的发展脉络与社会变迁的轨迹，为今人深入认知文庙及其代表的儒家文化传统提供了难得的观察之窗。

学校教化：
一庙三学育英才

儒学在建水的传播

建水文庙的学校教化

滇南革命教育活动策源地：参与中国历史进程

建水文庙自元至元二十二年（1285年）创立伊始，就承担起进行儒学教育的职能，开滇南教育之先河，是滇南文化教育勃兴的源头，最终成为滇南地区祭祀孔子、弘扬儒学、推行学校教化的文化圣地。明清时期，建水文庙内先后设立了临安府学、建水州学、元江府学，最终形成一庙三学的独特格局。建水地区逐渐形成了以建水文庙为中心，府学、州学（县学）、书院、义学、私塾相辅相成的学校教育系统，孕育滋养出众多进士、举人及文化名人，奠定了建水文教在滇南的基础性地位，享有"滇南邹鲁""临半榜""文献名邦"的美誉。近现代，建水文庙是滇南地区传播新民主主义思想及开展革命教育活动的策源地，成为中华民族伟大复兴历史进程的见证者和参与者。

儒学在建水的传播

儒家文化在云南的传播

人口迁移对经济文化发展具有重要的推动作用。明清两代，由于内地汉族移民的大量迁入，儒家文化得以在云南大范围传播。早在秦汉以前，不少内地人迁至云南定居，自此，内地向云南移民的进程从未间断过，到元时移入云南的人口开始增多，明朝达到高峰。

历史上有名的楚将庄蹻入滇，表明战国时期就有内地汉族民众进入云南。《史记》记载："始楚威王时，使将军庄蹻将兵循江上，略巴、蜀、黔中以西。庄蹻者，故楚庄王苗裔也。蹻至滇池，地方三百里，旁平地肥饶数千里，以兵威定属楚。欲归报，会秦击夺楚巴、黔中郡，道塞不通，因还，以其众王滇，变服，从其俗，以长之。"[1]有学者根据两汉时期每次征滇所用兵力推算，庄蹻所带人数少则几千，多则上万。[2]明代，当政者把移民屯田作为富国强兵的基本国策，把边疆地区开发性移民的重点向西南区域（主要指云南、贵

①《史记·西南夷列传》。
② 陆复初主编：《昆明市志长编卷1 古代之一》，昆明市志编纂委员会1984年版，第240页。

州、广西），特别是向云南转移。明代，云南地区民政力量极弱，军卫力量强大，云南属于军队控制的边卫地区。[1]为确保边疆地区长治久安，明代统治者不仅将戍守云南的数十万将士就地屯田，转变为当地居民，而且在整个明朝时期对云南实施一般移民。移民的来源遍及南方各省，总数估计超过100万。[2]明洪武年间，大批汉族人口进入建水。明军在建水设置临安卫，在县境戍守和屯田的有5个千户所，约5600人，加上家属就有2万多人。[3]此外，还有大批建筑、造纸等工匠，商人以及充军者在建水落籍，与本地土著居民杂居，文化融合。他们带来先进的生产工具和生产技术，对开发和维护边疆的稳定统一起了重要作用。明天启《滇志》对临安府风俗有这样的记载："士秀而文，崇尚气节，民专稼穑，衣冠礼度与中州埒。"同时，明代经常进行大规模的政治流放，动辄成千上万，云南是目的地之一，这部分人口属于谪戍迁徙进入云南。清代，四川一带由于经济发展，土地紧张，人口开始向贵州和云南迁移。[4]移民的大量迁入，让儒家文化逐步在云南落地生根。观察儒家文化在云南发展壮大的历史轨迹，可以发现，云南儒家文化越发达的区域，"其归于中央政府的向心力就越强，经济文化就越发展"[5]。如昆明、曲靖、玉溪、红河、大理等地区经济文化较为发达，儒家文化也较为兴盛。与此同时，这些地区的文庙保存与传承越完好。明清时期，以文庙为传播载体的儒学，在云南得到传播，少数民族聚居地出现了儒学繁盛的状况，尤以昆明、大理、建水等地为最。大理白族李元阳、杨士云、杨尚金等人积极学习儒家文化，并通过科举成为儒家有影响力的知识分子。晚清时期，临安府石屏州的袁嘉谷成为云南历史上唯一的状元。建水汉语方言，属占代官话体系下的西南官话，"儿"音很

① 葛剑雄主编：《中国人口史》第4卷，复旦大学出版社2005年版，第239页。

② 吴必虎、刘筱娟撰：《中华文化通志·景观志》，上海人民出版社1998年版，第27页。

③ 建水县志编纂委员会编：《建水县志》，中华书局1994年版，第700页。

④ 吴必虎、刘筱娟撰：《中华文化通志·景观志》，上海人民出版社1998年版，第26页。

⑤ 杨大禹：《儒教圣殿：云南文庙建筑研究》，云南大学出版社2015年版，第22页。

突出，不仅与北方话中的"儿"声腔吻合，而且与南京土话相近。这些都表明建水的儒家文化发达与汉族移民的迁入紧密相关。

改土归流促使建水文教兴起

明朝中后期，当政者开始在临安府下属的一些州县改土归流，或者是改土后实行土流合并。[1]改土归流就是废除西南各少数民族地区的土司制度，由中央政府委派流官直接进行统治的措施。自元、明以来，由于西南少数民族地区经济落后、社会生产水平低下，中央政府在军事或政治征服后又无法立即加以改变的情况下，在这些地区设立土司进行统治。土司制度是那个时期形成的一种特殊制度，土司、土官名义上接受皇帝封赐的官爵名号，实际上近似于割据一方的土皇帝，较难受到中央政府的管控。土司制度短时间内对稳定西南边疆和对少数民族地区的统治起了一定的积极作用，但从长期来看，它不利于国家经济、政治、文化、教育政策在这些地区的推行，既阻碍了少数民族地区社会生产的发展，也不符合国家统一的要求。改土归流从明代实行，到清雍正、乾隆时期开始在全国大规模推行。改土归流的主要内容包括："改土司为府、州、县，由中央派官员治理，或废府、州、县中的土官，全部由流官统治。同时丈量土地，额定赋税，设兵防守等"[2]。临安府是明代最早实行流官治理的地方之一，封建地主经济比较发达，加之中央政府重视民族地区文教事业发展，这些因素促成了明清时期建水文教高度发达，儒学教育繁盛，对地方社会的经济、政治、文化产生了深远的影响。

① 朱映占、曾亮、陈燕：《云南民族通史》下，云南大学出版社2016年版，第39页。
② 白寿彝主编：《中国通史》第9卷，上海人民出版社2015年版，第315页。

古代教育: 一庙三学, 滇南文教圣地

　　儒学在国家力量的推动下进入滇南地区, 以元代建立的建水文庙为标志。七百多年来, 建水文庙矗立于历史文化积淀深厚的临安古城之中, 自元至元二十二年(1285年)创办之日起, 建水文庙就承担起进行儒学教育的职能, 是滇南地区纪念孔子、弘扬儒学、推行学校教化的文化圣地, 孕育滋养出众多进士、举人。

　　元至元十九年(1282年), 朝廷下令各路、府、州、县设专司教育的官员教授、学正、教谕, 在云南各路建学校并祭祀先圣孔子, 成庙学合一格局, 云南纳入全国统一的科举考试体系。赛典赤·瞻思丁治滇期间, 实施云南内地化政策, 郝天挺作为赛典赤政策的积极践行者, 在云南各地兴建庙学, 全面推广儒学教育, 为位处滇南的建水教育事业提供政策保障。临安广西道军民宣抚使张立道主持新建了建水文庙, 首开建水文教先河, 营造了滇南地区崇儒尚学的社会风

临安府学（西明伦堂）

气，成为"滇南邹鲁"的奠基者。至元二十九年（1292年）四月，元统治者在云南设学校，并从四川聘请有才学的人士担任教师。①泰定二年（1325年），建水文庙经肃政廉访金事杨祚增建。至正十年（1350年）平章王维勤、教授邵嗣宗续修。②建水文庙在元代经历了初设、增建、续修，并得到了政策、师资、生源的保障，使得建水文教事业得以发展。

明代，建水设临安府儒学署，洪武十六年（1383年），朝廷下诏命云南增设学校，临安府将原临安路路学改建为临安府学，按左庙右学的布局，府学设于建水文庙的西明伦堂。建水文庙的运行经费主要依托官府财政支出和民间集资两个主要渠道。洪武年间，山西右布政使韩宜可、右参政王奎因谏得罪皇帝，被贬谪到云南临安卫，在建水讲学长达十六年，为建水教育事业的发展作出重要贡献。

历史文献对韩宜可、王奎的事迹有所记载。嘉靖年间，右金都御史欧阳重所撰《郡城寄贤祠记》记载，王奎、韩宜

---

① 嘉庆《临安府志》卷8。
② 嘉庆《临安府志》卷8。

可两先生来滇后，"相与讲道于学庙东北隅，若将终身焉。当是时，云南甫定，临始因元学重修之。两先生虽在军旅，实始俎豆为文学倡，若文翁之在蜀也，若韩子之在潮也，师表于兹盖十有六年。于是士习始变，人文始著，临安子弟殆无有不学焉者矣！……自永乐丙戌第进士，仕者相望于朝也。两先生之功不可诬哉！"[1]二公在临安府讲学，营造了当地崇尚礼仪及学习的社会风气。上述史实表明，韩宜可、王奎与临安府文教勃兴、儒学传播繁盛有着紧密关系，亦可见当地百姓对二公的景仰之情。当然，临安府文化教育的兴盛更与自元代创立建水文庙以来历代主政者和地方各级官吏、士绅百姓的支持密不可分。

自王奎、韩宜可二位先生在此讲学后，临安文教大兴，士子读书风气甚浓，后来建水文庙特地新建二贤祠[2]纪念二公。嘉靖年间，谪戍来滇的杰出学者、文学家、状元才子杨慎亦曾两度寓居临安，开馆讲学。嘉靖二年（1523年），兵备副使王忠在建水西城外设崇文书院。明嘉靖五年（1526年）副都御使戴鲁溪在文庙内办寄贤书院（也称景贤书院）。万历四十三年（1615年），建水知州赵士龙请求增设州学，以解决府学名额不足的情况，巡按御史吴应琦上疏得到朝廷批准。万历四十四年（1616年）正式建东明伦堂于文庙左侧，为建水州学，与临安府学各在文庙东西两侧。

建水文庙遵循国家规制名额招收生员入学："明制郡学，廪膳四十名，州学三十名，增广同附生无定额。三年科岁两考，额取充附儒童。郡二十名，州十五名，文武额同。府学一年一贡，州三年两贡。国朝因之，初科岁并为一考。康熙二十四年，科岁两考。雍正二年，诏增州学文童五名，每考取充附文童二十名。乾隆三十五年，改州为县，裁廪十名，

① 嘉庆《临安府志》卷19。
② 二贤祠经多次重修，曾用寄贤祠、景贤祠之名。

元江府学

两年一页。"①至此，建水文庙一庙两学的格局形成。

天启三年（1623年），元江府学迁至建水文庙。元江与临安相隔一百余公里，为何会迁移至此？据《元江府志》记载，洪武二十六年（1393年）即建元江府学于元江城内，后因"元江府建学之初，夷中向学者鲜，诸生多以临安府属人充之，教官亦侨居临城"②。可见，从元江府学建立到迁至建水文庙二百三十多年的漫长岁月中，元江府学因在本地招不到充足的生源，均从临安府招生补缺，久而久之，学子和教官都寄寓在临安城，元江府学迁至临安府也自在情理之中。至此，建水文庙形成了一庙三学的办学格局，这与全国多数文庙的一庙一学格局不同，是建水文庙的一大特色。

清代，元江府学子逐渐增多，顺治十六年（1659年）元

① 雍正《建水州志》卷4。
② 建水县政协文史资料委员会编：《建水文史资料选辑》第7辑，建水县政协文史委员会2002年版，第5页。

江改土归流后，元江府学才迁回元江城。道光《元江州志》记载："天启三年，始建学署于建水学左，为师生讲学之所。本朝顺治十六年，改土设流，迁学署于元江城内。"① 有学者指出："清顺治十六年后，元江府学并未全部迁回元江，竟一分为二，形成南学与北学两所，北学继续留在建水文庙中，作为分校，不仅没有消失，而且还在大兴土木，不断重建和维修其学署。"② 现存建水文庙内康熙三十四年（1695年）的《重建元江府儒学公署记》碑文有记载，"元距临三百余里，于临置学署制欤？曰：郡乘载之，盖学校之地以教为职，非若他有司之责，以官守画地而限者也。元之士强半皆临属之士，临而教之，其地益亲，其教尤易行矣！"该碑文回答了异地办学的原因。元江府学也为临安地区培养了一批人才，据雍正《建水州志》记载，寄学元江的建水籍生员考中举人的，明代有18人，清康熙至雍正年间有10人，清代还有贡生28人。③

古代的学校与文庙的配置，"一般是有一座学校设置一所文庙，但是有的地方一座文庙有两座甚至三座学校，这种情况一是府州县同城的州、县学不再建设文庙，而是附设在州学或府学内"④。建水文庙内的临安府学因此附设了建水州学（后改为县学），元江府学后来又与临安府学和建水州学共用一个文庙，最终形成一庙三学的独特格局。

清代，随着生员需求的增加，又陆续开设了一批书院，一时书院兴起，人文荟萃。明嘉靖二年（1523年），兵备副使王忠在建水西城外建崇正书院，清乾隆二十二年（1757年）临安知府方桂改其名为崇文书院。⑤ 康熙五十五年（1716年），建水知州陈肇奎在城东小石桥建焕文书院，集中县内远近生童在此训课。⑥ 乾隆三十五年（1770年），建水州改为

① 道光《元江州志》卷2。
② 建水县政协文史资料委员会编：《建水文史资料选辑》第7辑，建水县文史资料委员会，2002年版，第108页。
③ 雍正《建水州志》卷5。
④ 孔祥林、孔喆：《世界孔子庙研究》上，中央编译出版社2011年版，第181页。
⑤ 嘉庆《临安府志》卷8。
⑥ 嘉庆《临安府志》卷8。

建水县，州学改为县学，学官亦改为教谕1人、训导2人、廪膳生减10人。① 光绪五年（1879年）新建曲江书院。② 明、清两朝建水共修书院7所（其中清朝有5所），设义学10所，开办私塾百余所。

随着建水文庙官学和书院规模的扩大，以儒学为代表的中原文化在滇南地区得到广泛传播，科举制度在滇南得以推行。为了适应新形势的需要，云南地方当政者在建水文庙旁开设了学政考棚，是云南科举预备考试的基层考场。学政考棚创建于明洪武二十二年（1389年），原址不详，现坐落于建水县临安镇建中路377号。③ 清康熙三十二年（1693年），建水知州张鼎昌批准移至今天的天君庙西侧，光绪年间重建。④ "学政考棚坐北朝南，面宽40余米，纵深150米，占地6000平方米，房舍整齐对称，计有天井13个，房屋百余间。整个建筑以甬道为中轴线，形成六进院落"⑤。学政考棚是科举制度时期提督云南学政设于建水，总管滇南临安、元江、开化（今文山）、普洱四府的科举预备考试的考场。自此，学政考棚成为滇南科举预备考试的中心，这也为建水文庙教育功能的发挥提供了巨大便利，吸引更多生员和有志之士到建水文庙求学。云南提督学政每年定期到建水，召集临安、元江、普洱、开化四府的生员进行科试，合格者方能参加全省的乡试。各级学校在招收生员时，亦招收少数民族如彝族、哈尼族的学子入学，少数民族受教育机会得以增加，民族关系更加融合，儒家文化的影响力逐渐提升。景泰《重修云南图经志书》记载，临安府"俗尚诗书，郡治之近，山水明秀，所生人物，俊伟者多，家有诗书，吾伊之声相闻，而科贡后先不乏"，阿迷州"其秀民知学，其州民间之俊秀者，亦入学从师，受经取科贡，而风化其渐美矣"。⑥ 滇南少

① 建水县志编纂委员会：《建水县志》，中华书局1994年版，第567页。
② 建水县志编纂委员会：《建水县志》，中华书局1994年版，第568页。
③ 红河州文化局编：《红河州文物志》，云南人民出版社2007年版，第76页。
④ 上海嘉定博物馆、厦门大学考试研究中心编：《科举学论丛》2017第2辑，中西书局2017年版，第47页。
⑤ 建水县政协文史资料委员会编：《建水文史资料选辑》第4辑，建水县政协文史资料委员会1997年版，第52页。
⑥ [明]陈文等纂修：景泰《云南图经志书》卷3。

数民族在接受儒学熏陶后，国家认同感形成，促进了儒家文化和少数民族地域文化的融合发展，进一步奠定了建水文教在滇南的基础性地位。

同时，为扩大普通民众受教育的机会，临安府先后在曲江、普雄、西庄、乍甸、新站、南屯等乡村设立义学，由官方置学田收学租或向私人筹措经费，学生免费入学接受教育。清雍正六年（1728年），建水知州祝宏建曲江义学；雍正十三年（1735年）建水知州夏治源兴建普雄、西庄、乍甸3所义学；乾隆二年（1737年），临安府学教授夏冕在阿迷州板枝花哨（哨，古代设于交通沿线的戍卫、军事设施）建新站义学；乾隆二十八年（1763年），建水知州吴元念置南屯义学；又有纳楼土司普天民兴办义学1所，此为在彝族聚居区最早开办的汉语学校。①

除了官办的义学之外，私塾也在建水兴起。清代私塾增多，可分三类：一是豪绅富户聘请塾师，在家设堂给子女授课；二是清贫学者"设馆授徒"，议收学金；三是村民集资聘师办学。②建水最早的私塾为明正德年间临安卫进士刘洙开办的，他官至刑科都给事中，辞官回乡后，建家塾教子弟。一代名臣包见捷之父、临安府庠生包万化亦"设家塾教子"，学生人数不等，年龄悬殊，程度不一，由一塾师同窗分教。③教材多选用《三字经》《百家姓》《千字文》《千家诗》《幼学琼林》《目前杂字》《声律发蒙》《大学》《中庸》《孟子》《论语》《楚辞》《诗经》《春秋》《古文观止》等，由易到难，先朗读背诵，再讲解文义。清末建水全县有私塾百余所。④光绪末期废科举兴学堂后，一部分私塾改为学堂。⑤义学、私塾、新式学堂的大量开设，进一步促进了建水地区教育的发展。建水地区逐渐形成了以建水文庙为轴

①杨丰、汪致敏：《学政考棚：滇南科举历史的记忆》，云南人民出版社2014年版，第12页。

②建水县地方志编纂委员会编：《建水县志》，中华书局1994年版，第569页。

③杨丰：《建水史话》，云南人民出版社2003年版，第70页。

④张勇、［越］陈友山主编：《"红河流域社会发展国际论坛"首届国际学术研讨会论文集》，云南大学出版社2006年版，第391页。

⑤蒋纯焦编：《中国私塾史》，山西教育出版社2017年版，第183页。

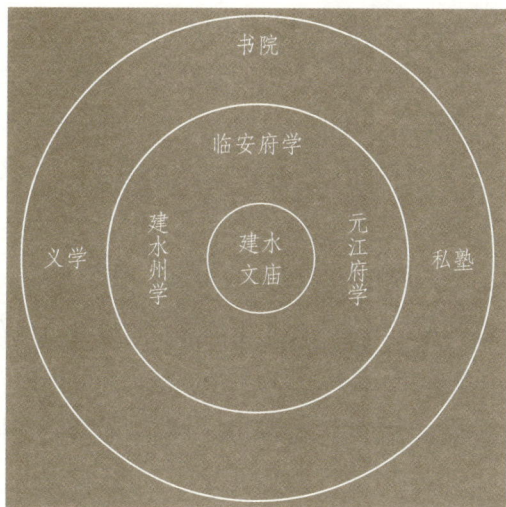

建水文庙教育系统

心，府学、州学（县学）、书院、义学、私塾相辅相成的建水教育系统，使得长久以来临安府儒学教育在整个滇南地区独树一帜，大放异彩。

儒学教育的发展建构了滇南地方社会的儒学文化氛围，促进了当地社会风俗的改变。自明永乐九年（1411年）明成祖下诏在云南开科取士后，[①]临安府人才辈出，举人进士层出不穷。明正统七年（1442年），建水涌现了第一位进士刘锴（江西泰和县籍，临安府学增广生），随后建水学子在历代科考中崭露头角。据万历《云南通志·临安府·儒学科目》记载，自永乐至嘉靖年间，临安府有进士22人，乡举202人，为云南各府科第人数之较多者。[②]1994年版《建水县志》载："建水自明正统七年（1442年）考中第一个进士起……明清两代共出现文武进士110人，文武举人1273人。"[③]其中，明代出现文进士30人、武进士25人、文举人299人，武举人35人；清代出现文进士37人、武进士18人、文举人464人、武举人

① 张勇、[越]陈友山主编：《红河流域社会发展国际论坛首届国际学术研讨会论文集》，云南大学出版社2006年版，第390页。
② 方国瑜：《云南史料目录概说》，中华书局1984年版，第1159页。
③ 建水县志编纂委员会编：《建水县志》，中华书局1994年版，第567页。

475人。①文武进士人数排在昆明、大理之后，文武举人仅次于昆明。这些人中，闻名天下的有刘洙、萧崇业、包见捷、傅为詝、张履程等。其中，光绪九年（1883）癸未科共取进士308名，云南共有11人中进士，其中建水3人，占全省进士人数的近三分之一。②

总而言之，因建水文庙兴办教育，儒学盛行，文脉畅通，建水地区人才辈出。除了上述名人，还有"迤人士仰若山斗"的昆明五华书院山长陈世烈，被王文治称为"才力博大，尤为难得"的彝族诗人李鹤龄等文人俊杰。③在临安地方史上曾有"父子进士""叔侄进士""父子三进士，兄弟两翰林"的佳话。

清康熙年间，建水知州陈肇奎在《重修学宫记》中写道："滇虽处天末，建又滇之极边，然观风被化，不异中土。迩来科甲云起，秋榜几分全省之半……亦学校培养之力也。"④另有临安府知府王永羲的《临安府儒学历科武乡会题名碑记》称："句町为滇文献地，人才甲于他郡。每科膺荐者相望，有'一榜半临阳'之称，得士之盛，前此未有。"⑤可见临安府学、州学（县学）、义学等对建水教育发展具有重要作用。建水因儒学教育的成就获得了"滇南邹鲁""临半榜""文献名邦"的美誉，将孔子生于鲁、孟子生于邹形成的象征文教兴旺的"邹鲁"冠之于建水，是对建水文教兴盛的极大褒奖。

尽管建水地处西南边疆，经济、文化及教育均较落后，但人才辈出，这不仅得益于各级统治者及地方士绅百姓的重视，也表明临安府学、建水州学（县学）以及围绕建水文庙形成的书院、义学、私塾等教育形态对培养人才所起的重要作用。古代的建水文庙在激活地方文教兴盛、传播儒家思想

① 建水县志编纂委员会编：《建水县志》，中华书局1994年版，第568页。
② 建水县政协文史资料委员会编：《建水文史资料选辑》第6辑，建水县政协文史资料委员会2000年版，第62页。
③ 张勇、[越]陈友山主编：《红河流域社会发展国际论坛首届国际学术研讨会论文集》，云南大学出版社2006年版，第392页。
④ 杨丰编撰：《建水文庙历代碑文选注》，建水文庙管理处2004年版，第71页。
⑤ 杨丰编撰：《建水文庙历代碑文选注》，建水文庙管理处2004年版，第63页。

方面功不可没。当然，在肯定建水儒学教育成就的同时，也要看到明清时期能入学接受教育的毕竟是少数，教育还远远未能惠及广大人民群众。

近代教育: 向新式教育转型

建水文庙是滇南近代教育的发祥地。到了近代，建水文庙作为新式学校校址继续发挥教育功能。1931年下半年，云南省教育厅"为推广边地教育"，决定在建水创办省立临安中学，督学刘嘉镕作为筹备员被派往建水勘定校址，训令建水县政府协助，建水县教育局局长何其清参与筹备。[1]经实地考察并考虑学校规模及将来的发展，拟选建水文庙为校址。此举遭遇一些地方士绅反对，认为文庙是祭孔圣地，不宜办学。[2]建水地方政府和乡绅主张将学校办到崇正书院（建水县立中学所在地）。省教育厅则认为崇正书院太小，不能适应临安中学的发展需要，而文庙从1285年临安路庙学创办之日起一直是讲学的所在，要求将学校办到文庙内，如果不把文庙作办学之用，省立中学将设到蒙自去。[3]为了建水地区文化教育事业的发展，后经刘嘉镕和何其清与县政府及地方士绅协商斡旋，最终将建水文庙及其相邻的岳鄂王庙定作校址。建水文庙先师殿两庑四角改建6间教室；岳鄂王庙第一进院落改为校长室、会议室、教职工宿舍，两庑辟为学生宿舍；刘嘉镕任校长，陈树雪任教务主任，盛叔丰任训育主任。[4]经过一年多的筹备，1932年8月云南省立临安中学正式招生，同时建水县立中学师生归并临安中学。[5]临安中学是当时云南省四所省立中学之一，在云南基础教育领域占据重要地位。

县立中学第四任校长邱廷栋任临安中学书法教员。招生

① 建水县政协文史资料委员会编：《建水文史资料选辑》第1辑，1989年版，第158页。
② 建水县政协文史资料委员会编：《建水文史资料选辑》第7辑，2002年版，第100页。
③ 中国人民政协会议红河哈尼族彝族自治州委员会文史资料委员会编：《红河州文史资料选辑》第10辑，1989年版，第196页。
④ 云南省建水第一中学校志编纂委员会编纂：《云南省建水第一中学校志》，云南人民出版社2007年版，第37页。
⑤ 云南省建水第一中学校志编纂委员会编纂：《云南省建水第一中学校志》，云南人民出版社2007年版，第37页。

5个班150余人。其中，高中1个班，初中2个班，乡村师范2个班（由县立中学转制而来）。①临安中学直属省教育厅管辖，经费直接由省教育厅编以预算呈请中央按月核发。学校实行壬戌学制，也称新学制，春、秋两季均招生，学习年限初、高中都是三年。同年10月1日，云南省教育厅厅长龚自知到临安中学视察并参加临安中学成立庆典大会，为学校题词"学而不厌，诲人不倦"②。临安中学成立后，遵循"推广边地教育"宗旨，从建水、曲溪、蒙自、开远、石屏及江外少数民族地区（含今元阳、红河、绿春等县）招生。③个蒙十属④联合师范学校改为省立临安中学乡村师范部。1933年，临安中学内设附小。1934年，成立省立临安师范学校，与临安中学分办合设，后停办。1935年，学校发展到初中4个班，学生196人，教职员25人，正则师范（相当于中师）和简易师范（相当于初师）各一级，学生均为24人，教职员10人，附小两年级，学生58人，教职员4人。⑤此后，临安中学规模由小到大，始终得到省教育厅的支持，得到地方政府和有识之士的关注，逐渐发展壮大。由于临安是省直属中学，省教育厅直接任免临安中学校长，教职员由校长聘请任用。1934年7月，校长刘嘉镕离职，由钱文晟接任。1939年春，临安中学学生发起反贪污、反压制的正义斗争，因此，同年4月，钱文晟被省教育厅撤职，由刘宝煊接任校长。1940年3月，刘宝煊因宣传抗日，传播民主思想，国民党中央视察员刘巨全诬蔑其为"思想荒谬，行动乖张"，被省教育厅解职，由施菊轶继任校长；同年8月，校长职务又由朱伯庸担任；1945年2月，由刘宝煊再次接任校长；1946年8月，刘宝煊又遭排挤而被辞退，曹元龄继任；1949年2月曹元龄辞职后，由范承业接任校长。⑥

① 云南省建水第一中学校志编纂委员会编：《云南省建水第一中学校志》，云南人民出版社2007年版，第37页。
② 云南省建水第一中学校志编纂委员会编：《云南省建水第一中学校志》，云南人民出版社2007年版，第37页。
③ 云南省建水第一中学校志编纂委员会编：《云南省建水第一中学校志》，云南人民出版社2007年版，第37页。
④ 个蒙十属包括蒙自、建水、个旧、河西、华宁、开远、曲溪、峨山、石屏、通海。
⑤ 建水县政协文史资料委员会编：《建水文史资料选辑》第1辑，1989年版，第159页。
⑥ 中国人民政治协商会议红河州哈尼族彝族自治州委员会文史资料委员会编：《红河州文史资料选辑》第10辑，1989年版，第193—194页。

1932—1949年，临安中学共开办高中15个班，学生447人；初中32个班，学生1776人；正则师范1个班，学生19人；乡村师范2个班，学生约60人；简易师范（相当于初师）1个班，学生50人；附小7个班，学生250人。①临安中学按当时教育部的规定设置课程，开课全面，高中设国文、英语、代数、几何、三角、历史、地理、物理、化学、生物、公民、军事、美术、音乐；初中设国文、英语、算术、物理、化学、历史、地理、公民、卫生、动物、植物、农艺、劳作、童军学、音乐、美术、书法。其中特别规定，军事不及格者，不予毕业。1949年6月，军事课被废除。

临安中学除常规教学外，还开展一些社会实践活动和勤工俭学活动，如工读团活动。②参加工读团的学生，可利用课余时间给学校挑水（学校用水须到校外谢家大院挑）、挑煤、卖凉粉、卖稀饭等；学校大门太和元气坊旁还开设"建临合作社"（建民中学、临安中学两校合办的商店）；学生参加服务性劳动，由学校付给一定酬金。③《云南省建水第一中学校志》记载："1952年以前，学校内无水井，用水全靠雇用两名工人和少数生活困难的学生（参加工读团）肩挑解决。"④学校开展的一系列实践活动，不仅增强了学生的综合能力，解决了学校师生的经济困难，培养了学生艰苦奋斗、执着坚毅、爱国奉献的品质。自学校成立至1950年建水解放前这段时期，临安中学培养了一大批各类人才，同时为滇南师范教育及教师队伍的发展打下了基础。

现当代教育：传承文脉，走向未来

1950年建水解放后，临安中学先后更名为云南省建水中

① 云南省建水第一中学校志编纂委员会编纂：《云南省建水第一中学校志》，云南人民出版社2007年版，第37页。
② 建水县政协文史资料委员会编：《建水文史资料选辑》第1辑，1989年版，第159页。
③ 建水县政协文史资料委员会编：《建水文史资料选辑》第1辑，1989年版，第160页。
④ 云南省建水第一中学校志编纂委员会编纂：《云南省建水第一中学校志》，云南人民出版社2007年版，第177页。

学、云南省建水第一中学，继续承担着为建水及周边地区培养人才的职能。1950年4月1日，蒙自专署奉省政府令接管学校。同年5月24日，临安中学、建水县建民中学、建水县立初级商业学校三校合并为临安中学；同年6月26日，省立临安中学改名为云南省建水中学；1953年4月，云南省建水中学更名为云南省建水第一中学。学校名称后又有几度变更，1957年最终定名为云南省建水第一中学。1957年，由工程队指挥，师生投工，在西明伦堂西外侧建盖一排背南面北新教室7间。1959年，建水中学师生勤工俭学在西明伦堂西侧建盖一排背北面南新教室7间，与1957年所盖的一排7间教室相对，统称为"新教室区"，并将学海四周开垦为菜地。[1]1969年3月，建水一中方恢复招生，招进15个初中班，按军队连、排建制编班上课。1974年1月至6月，建水一中师生对文庙的历史沿革、碑文、地产等做了调查分析，由李明川老师执笔编写《文庙简介》一书，同时学校接待了省内外17万人次的参观来访。[2]

1978年改革开放后，建水一中教育教学步入正轨。1983年9月，学校东明伦堂前建盖的1幢18个教室的三层教学大楼竣工投入使用。1992年2月，建水一中知行楼竣工并投入使用，学校首次拥有了阶梯教室，高中部学生搬出文庙两庑进入新教学楼上课。

1992年8月10日，根据时任省长和志强的指示，省财政厅、省教委、省文化厅代表省政府与红河州政府、建水县政府共同签订搬迁建水一中部分校舍及维修文庙的协议书。搬迁校舍所需资金280.1万元，由省、州、县各按4：3：3的比例负担。[3]建水一中搬迁有了政策资金的支持保障。1995年7月10日，时任红河州委书记李璋、州长张学文在建水县委书记

① 云南省建水第一中学校志编纂委员会编纂：《云南省建水第一中学校志》，云南人民出版社2007年版，第14—16页。
② 云南省建水第一中学校志编纂委员会编纂：《云南省建水第一中学校志》，云南人民出版社2007年版，第19页。
③ 云南政协通志纂委员会编纂：《云南政协通志》，云南人民出版社1997年版，第118页。

建水一中图书馆门前状元桥

李保文等领导的陪同下到学校调研学校腾让文庙经费缺口的问题。同年8月，学校向省长和志强反映腾让文庙资金缺口的问题，省政府追加腾迁款89万元。

1996年3月，建水一中学生会主办首届"建水一中文庙导游比赛"。自此，该项比赛成为学校常规活动。1996年9月，建水一中参加云南省第八届青少年创造发明比赛和科学讨论会活动，学生科技小论文《关于建水文庙古迹遗存的调查报告》获省级二等奖；《中原文化与边地文化交融的杰作——建水文庙》等3篇论文获省级三等奖。这些活动是建水一中传承文庙血统及基因的体现。

1997年8月，建水一中在教学区入口处建成仿古式的三开间单门道牌楼式大门——凌志门，并建成一座古香古色的图书馆。1999年3月，学校在大门两侧安放两只仿铜雄狮，门内塑孔子站像，系学校教师魏学明制作，并仿文庙建泮池一座，上设状元桥。改造凌志门南侧的假山，并命名为"书山"。[1]建水一中的校园布局及建筑体现出对建水文庙文化的传承。

① 云南省建水第一中学校志编纂委员会编纂：《云南省建水第一中学校志》，云南人民出版社2007年版，第28页。

建水一中孔子像

2000年，建水一中从建水文庙迁出。至此，建水一中及其前身在文庙办学达六十八年之久。从1950年至2000年，建水一中共招收91个初中班，106个高中班，其中包括25个为边疆及内地山区培养少数民族学生的民族班，累计在校就读学生人数达24490人，是建水解放前临安中学时期在校就读学生人数的11.76倍。几十年间建水一中为国家培育了上万人才，既有专家、学者、教授、工程师，如曾任云南大学校长的应用统计学家王学仁，现任美国北卡罗来纳州立大学副校长的李百炼博士，也有党政干部和工人、农民。建水一中学生遍布祖国各地，在不同的岗位上为国家民族的振兴、社会经济的发展、科学文化事业的进步作出自己的奉献。[1]2001年

① 建水县政协文史资料委员会编：《建水文史资料选辑》第7辑，2002年版，第102页。

1月，新生物实验楼竣工投入使用，原生物实验室（楼）移交文庙管理处。2005年8月14日，建水县人民政府在学校召开建水一中与文庙相关问题的专题会议，双方达成划界及其管理的协议。至此，建水一中腾让文庙任务全部完成。[①]建水文庙延续了七百多年的教育功能终结。

建水文庙参与现代教育的历程体现出建水文庙与学校教化的高度整合。政府、学校、师生、社会围绕着建水文庙传承的儒家传统文化血脉，以学校作为载体，继续发挥建水文庙教化的功能，为滇南现代教育的发展提供了生生不息的精神源泉。

① 云南省建水第一中学校志编纂委员会编纂：《云南省建水第一中学校志》，云南人民出版社2007年版，第35页。

滇南革命教育活动策源地：参与中国历史进程

参与抗日救亡活动

建水文庙不仅是滇南文教发祥地，还是滇南地区抗日救国、新民主主义革命教育活动的策源地。20世纪上半叶，设于建水文庙的临安中学成为滇南革命活动的根据地。自1928年起，临安中学的前身建水县立中学即有中国共产党人的活动。抗日战争时期，西南联大一大批进步师生到学校任教，开展了轰轰烈烈的抗日活动。1937年，"七七卢沟桥事变"后，中国进入全面抗战时期，"有钱出钱，有力出力"，建水人民群众响应征兵，按户口"三丁抽一丁，五丁抽二丁"如数应征入伍抗日。后来，国民党中央军官学校昆明分校（校址设于原云南陆军讲武堂）招生，临安中学同学刘椿林、王克刚、余天亮等前去报考，毕业后分配到抗日部队。[①]1938年，在中央军校昆明分校总队长卢汉将军带领下，包含有1000余名昆明分校中下级军官在内的滇军第六十军[②]出滇抗日，包括建水学子在内的云南各族儿女，浴血禹王山、台儿庄等抗

① 中国人民政协会议红河哈尼族彝族自治州委员会文史资料委员会编：《红河州文史资料选辑》第5辑，1985年版，第188页。
② 1948年，辽沈战役中，时任国民党六十军军长曾泽生于长春率部起义，后改编为中国人民解放军第五十军。抗美援朝期间，这支脱胎换骨的人民军队以中国人民志愿军第五十军身份入朝参战。期间全歼英军皇家重型坦克营，血战白云山，立下赫赫战功，打出了军威、国威。

云南省立临安中学革命活动据点碑

日战场，以英勇之躯直面日寇铁蹄。以其他方式参军报国的临安中学学子，还有黄思义同学（考入云南航空学校）等。在抗日救亡宣传活动中，临安中学师生多次通过演剧募捐，唤起民众一致抗日，临安中学曾出演过《国家至上，民族至上》和大型话剧《苗可秀》等。①1939年4月，刘宝煊任校长后，安排共产党员和思想进步人员到临安中学任教。1940年，临安中学师生捐献图书、筹集国币7000余元，赠送抗日前方将士。②针对抗战的严峻形势，临安中学开展了军训活动，为抗战做准备。亲历者郭宝全这样记述：

    临安中学的军训活动，在1940至1942这两三年间搞得较好，男生全部住校，女生部分住校，男生多数在校用膳，在先师庙两边圣贤弟子长廊内摆设餐桌，集体生活生气勃勃，男生女生全部穿军装，男生剪平头，女生

① 中国人民政协会议红河哈尼族彝族自治州委员会文史资料委员会编：《红河州文史资料选辑》第5辑，1985年版，第189页。
② 云南省建水第一中学校志编纂委员会编纂：《云南省建水第一中学校志》，云南人民出版社2007年版，第154页。

理短发，女生的头发理得和男子一样短，戴上军帽，男生系腰带，打绑腿，军纪严肃，相貌威风。起床、早操、熄灯都吹军号。①

1941年3月，驻建水滇军近卫二团的中共地下党员朱君毅转入学校任教。1941年4月16日，日本飞机轰炸建水，向临安中学投弹3枚，一枚落入文庙魁星阁左侧，一枚落于文庙二贤祠旁边，一枚落于文庙东旁场地上，②学校由此成立护校小组。同年冬天，著名爱国人士李公朴先生偕夫人张曼筠到临安中学参观并发表抗日救亡演说。③他向青年学生介绍在敌后根据地的所见所闻，分析国际国内的战争形势，阐述团结抗战的必要性以及抗战必胜的思想，还指导同学们养成一系列正确的学习方法。④1943年，师生征募书报391本，赠送抗日前方将士。⑤这一系列活动是以建水文庙为中心的滇南人民抗日救国的缩影。

参与建立新中国

1945年2月，通过民盟的关系，刘宝煊复任临安中学校长。中共党组织和刘宝煊利用这个有利时机，安排一批党、团员到校任教，临安中学党的力量和进步力量得以巩固和加强。1945年7月，中共云南省工委派马识途到建水负责滇南地下党的工作。与马识途一起到滇南工作的中共党员许师谦到学校任教。党组织动员建民中学、石屏师范学校部分进步学生转学或考入临安中学读书，并在学生中建立党的外围组织——民青。解放战争时期，中共党组织通过读书会等活动先后在临安中学师生中发展中共党员或民青成员，1947年下

① 中国人民政治协商会议红河哈尼族彝族自治州委员会文史资料委员会编：《红河州文史资料选辑》第5辑，1985年版，第189页。
② 中国人民政治协商会议红河哈尼族彝族自治州委员会文史资料委员会编：《红河州文史资料选辑》第5辑，1985年版，第156—157页。
③ 云南省建水第一中学校志编纂委员会编纂：《云南省建水第一中学校志》，云南人民出版社2007年版，第13页。
④ 杨福泉主编：《中国西南文化研究》2015第25辑，云南人民出版社2017年版，第113页。
⑤ 云南省建水第一中学校志编纂委员会编纂：《云南省建水第一中学校志》，云南人民出版社2007年版，第12—14页。

半年到1949年，共发展学生党员25人，民青成员75人。[1]1945年12月，师生声援昆明"一二·一"学生运动，捐款送交四烈士治丧委员会。"李闻惨案"后，国民党当局派特务对学校进行监视。1946年8月，中共云南省工委派张华俊到建水接替马识途，负责滇南党组织工作，其公开身份是临安中学教员。他以教师身份为掩护，来校领导地区革命，大批师生受到革命思想教育，学校良好校风形成。[2]同年9月，曹元龄无理解散学生自治会。在中共地下党组织领导下，学生在校内游行示威以反抗，迫使校方同意成立班级联合会代替学生自治会。1947年3月12日，学生地下党支部成立，王玉明任支部书记。同年12月，中共云南省工委在建水召开重要会议，传达中共中央指示，研究部署在云南全省开展游击战争。学校地下党组织为这次会议做了周密准备，保证了会议的安全进行。1948年春，建水中学建立教师地下党支部，黄渊任支部书记。同年3月，黄渊调任中共建水县委书记，临安中学与建民中学联合成立教师党支部。

1948年6月，因革命需要，党的骨干力量转入武装斗争，教师党支部的工作结束。1949年2月，云南人民自卫军九个支队整编为云南人民讨蒋自卫军第二纵队，刘宝煊任司令员，张华俊任政委；同年8月1日，云南人民讨蒋自卫军第二纵队司令员刘宝煊担任新成立的思普临时人民行政委员会主任委员，政委张华俊任副主任委员；同年9月12日，云南人民讨蒋自卫军第二纵队整编为中国人民解放军滇桂黔边纵队第九支队，张华俊任政委。[3]1949年10月14日，中共建水县委发动和领导乡会桥武装起义，[4]临安中学部分师生会同建民中学、惠民中学师生参加起义，离校投身于党组织领导的滇南武装斗争。参加起义的200余人会集西庄乡会桥，里应外合，夺取

[1] 云南省建水第一中学校志编纂委员会编纂：《云南省建水第一中学校志》，云南人民出版社2007年版，第156页。
[2] 马有良主编：《云南教育大观》，广西民族出版社1997年版，第652页。
[3] 中共普洱市委党史研究室编：《中国人民解放军滇桂黔边纵队第九支队》，2008年版，第57、217、221页。
[4] 建水县史志办编：《建水年鉴2007》，德宏民族出版社2007年版，第408页。

乡会镇公所的机枪2挺、长短枪30余支、手榴弹40余箱、子弹3万余发、棉军装50余套。[1]在滇桂黔边纵队十支队四十六团的接应下，起义队伍向元江根据地转移，建立滇桂黔边纵队十支队护乡第五团，黄源昌任团长，王朝贵任政委，刘朝义任副政委。起义师生被编入第五团。建水乡会桥武装起义是在解放战争全面胜利的形势下进行的，是滇南武装斗争的一个重要组成部分。党领导下的建水人民自己的武装，沉重打击了国民党反动派，充分体现了建水人民为推翻国民党的反动统治、迎接解放而进行英勇斗争的革命精神。临安中学党组织为红河各地开展武装斗争发挥了三个方面的作用。一是交通联络中枢，滇南党组织负责人张华俊以临安中学教师的身份为掩护开展工作，临安中学党组织成为个旧、蒙自、元江、昆明等地党组织联络的中枢。二是掩护各地进入建水的党员。三是支援武装斗争。学校党组织培养和输送一批党员干部到元江根据地和内地农村开展武装斗争。

因建水文庙在中国新民主主义革命中的重要地位，经过复核，2009年7月被云南省委、省人民政府公布为云南省爱国主义教育基地。2014年7月，红河州政府设立《红河州革命遗址——云南省立临安中学革命活动据点碑》，矗立于建水文庙孔子文化广场旁。建水文庙作为滇南地区儒家文化的传播的中心和近现代传播新民主主义思想及开展革命教育活动的策源地，成为中华民族伟大复兴历史进程的参与者和见证者。

① 张绍碧主编：《建水史话》，云南人民出版社2017年版，第78页。

05>

社会教化：
雄镇滇南化四方

滇南边陲：蒙昧未化

修建文庙：云南内地化政策成效初显

庙学相长：习俗渐与内地趋同

元代以前，云南不知尊孔，以王羲之为师。赛典赤·赡思丁主政云南后，积极推行云南内地化政策，大力推行屯田政策，兴修水利，创建文庙，设立学堂，对云南各民族的经济文化发展起到了积极的促进作用。临安广西道军民宣抚使张立道主持创建的建水文庙是云南最早的庙学之一，也是滇南地区最早的教育机构。建水文庙推动了儒家文化在滇南的广泛传播与社会教化的施行，促成了当地社会风俗的转变。

滇南边陲：蒙昧未化

云南不知尊孔，以王羲之为师

临安府地处滇南边陲一隅，蛮荒之地，世居多种少数民族，经济文化较为落后。建水指林寺一古碑记载："乌言鬼面之徒，带刀剑弓矢，散居山谷。喜则人，怒则兽，声音气味与华俗迥异。抚之以思，顽冥不知怀；临之以威，愚而不知畏。此所以号称难理者也。"[1]描述了古代临安府土著人处于蒙昧状态的习性。《元史·张立道传》载："云南未知尊孔子，祀王逸少为先师。"[2]为何会尊崇王羲之，史书给出了解释。元李京《云南志略》载："其俊秀者颇能书，有晋人笔意。蛮文云：保和中，遣张志成学书于唐，故云南尊王羲之，不知尊孔孟。我朝收附后，分置省、府，诏所在立文庙，蛮人目为汉佛。"[3]云南在南诏国保和时期曾派贵族子弟张志成赴成都学习，潜心学习王羲之书法，达到极高境界，学成回到南诏传习书法，影响较大。云南士人子弟，虽书法较好，但不知尊孔孟，认为文庙里的孔子是汉族的佛像，足见至元朝时，云南地区儒家文化风气依然不够浓厚。

[1]《元史·列传第五十四·张立道》。
[2]《元史·列传第五十四·张立道》。
[3][明]钱古训撰，江应梁校注：《百夷传校注》，云南人民出版社1980年版，第170页。

初设文庙，风俗稍变

元代，赛典赤·瞻思丁实施云南内地化政策，在云南大力推行屯田政策，兴修水利，修建文庙，设立学堂，对云南各民族的经济文化发展起到了积极的促进作用。张立道是创设建水文庙的关键人物。张立道曾出使安南（今越南北部），对云南较为熟悉。至元十年（1273年），张立道被元世祖忽必烈任命为大理等处巡行劝农使，兼管屯田，佩带金符。至元十五年（1278年），张立道担任中庆路总管，佩带虎符。[①]作为赛典赤云南内地化政策的积极践行者，"立道首建孔子庙，置学舍，劝士人子弟以学，择蜀士之贤者，迎以为弟子师，岁时率诸生行释菜礼，人习礼让，风俗稍变矣。行省平章赛典赤表言于朝，有旨进宫以褒之。"[②]一时间，云南各地争相新建孔庙，开办学校，聘请四川的优秀师资到云南教授儒家习俗礼仪，社会风俗有所转变。至元二十二年（1285年），张立道调任临安广西道军民宣抚使后，主持创

①《元史·列传第五十四·张立道》。
②《元史·列传第五十四·张立道》。

建建水文庙。作为云南最早创建的庙学之一，同时也是建水最早的教育机构，建水文庙推动了滇南地区社会教化的施行。

崇儒尚学，化民成俗

明洪武十六年（1383年）正月初三日，朱元璋所下诏书中有涉及设立学校的内容："府州县学校宜加兴举，本处有司选保民间儒士堪为师范者，举充学官，教养子弟，使知礼义，以美风俗。"[1]成化四年（1468年）立于建水文庙的《临安府新修儒学泮池记》载："临安为边徼重地，昔称荒服外。人知操弄干戈，罕习礼义。肆我国家太祖高皇帝君临万邦，始入幅员内。洪武廿五载，昉置府建学，渐被王化，丕变士风，始与中州齿。"临安地区各少数民族部落好武力，学习礼仪者罕见，设立文庙开展社会教化后，社会风气大变，崇尚儒学。建水文庙的创立，及其府学、州学、县学的兴办，极大地促成了临安府经济、文化、教育的繁盛，临安逐渐成为滇南地区的政治、军事、经济、交通、文化、教育中心。

随着建水文庙与学校功能的发挥，儒学教育得以展开，

① 贵州省民族研究所编：《民族研究参考资料》第2集，贵州省民族研究所1980年版，第9页。

建水文庙的祭孔活动也于明中期传入，清雍正年间，又按钦定仪式形成定制。每年农历八月二十七日是孔子祭祀日，据嘉庆《临安府志》记载："每岁仲春秋月文武官以上丁之日致祭。"从唐代开始，每年二月、八月上旬的丁日祭祀孔子。地方官员和士绅百姓会在建水文庙举行盛大的祭祀活动。西南各地的各族百姓，通过这种传统的祭孔活动感受儒家文化的浓郁气息，建水这片土地也得到华夏文化的浸润。①由于长期受儒家文化的熏陶濡染，建水民风民俗逐渐转变，与内地逐步趋近。景泰《云南图经志书》卷三记载临安府："俗尚诗书。郡治之近，山水明秀，所生人物，俊伟者多。家有诗书，吾伊之声相闻，而科贡后先不乏。前儒士张景云有诗云：'一方总号诗书郡，六诏成称礼乐邦。'盖亦有所见矣。"康熙《建水州志》亦记载，建水州"俗喜尚学，士子讲习惟勤，人才蔚起，科第盛于诸郡"②，反映出临安府良好的文风学风，文教及人才之兴盛。

临安府教育发达，儒家文化广泛传播，促成了临安府社会风俗的转变。嘉庆《临安府志》卷7《风俗》记载，"临安风俗颇为近古，观者旷然，思渐摩之有自也"，"临人十有二月之中礼从宜而不诡，于正者多也"，"至于饮屠、苏画、桃符、新门丞贴、春贴，依然东都之遗风焉，由斯以观临安风俗之征于岁时者，自祭祀祈禳、勤苦作劳以及馈遗往来，亲睦洽比之，褥节日移月易，每能行之有常，随风土以协乎人情，称时宜而通于礼意，可谓醇美者乎"。经过多年文治教化，临安府的风俗与内地融合，习得大部分内地的风俗习惯。不仅如此，临安府还传承了一些中原地区当时已经消亡的习俗。嘉庆《临安府志》载："家礼四，曰冠、曰婚、曰丧、曰祭。冠礼责以成人，虽众著其义而能行者鲜，惟临人

①张勇、[越]陈友山主编：《"红河流域社会发展国际论坛"首届国际学术研讨会论文集》，云南大学出版社2006年版，第392页。
②康熙《建水州志》卷6。

亦然。婚嫁先通媒妁求庚帖，继请亲友之尊贵者诣女家致主人意，既诺则二姓互相酬拜，具启下定仪将娶请期，纳币而后亲迎，礼物之丰俭，各称其力，旧志谓'婚礼近古'有以也。夫丧事殡殓如礼，惟燕待酬赠，向时靡费甚多，迩日始少，从撙节。士大夫家不作佛事，里中亦有效之者，祭礼丰约随时，竭其诚敬。愚民间惑于淫祀以祈福祥，而守礼之士介如也。夫家礼之尚存于临安者如是，是不可以风乎？"①这些成人礼、婚嫁礼、丧礼、祭祀礼体现出对人生几大节点的重视，且尊崇节俭，不主张铺张浪费，有礼即可。内地家礼在临安得到了很好的保存和传承，已深入到每家每户。清乾隆建水举人张履程作《云南诸蛮竹枝词》中的两首能够很好地说明这一点：

苗　人②

婚姻宛似结朱陈，垦土诛茆傍水滨。
六甲六书皆汉制，独将铜鼓赛神明。

窝　泥③

藤束因知新嫁娘，芦笙侑酒舞成行。
俭勤独有唐风意，积贝若干谆嘱详。

苗人即苗族，窝泥为古代哈尼族的一个支系。周朝儿童入学，首先学六甲六书（六甲指儿童练字用的笔画较简单的六组以甲起头的干支；六书即指事、象形、形声、会意、转注、假借）。所以从前将文字学称为"小学"，后转化成为初级学校的名称。④张履程诗作《苗人》中的"六甲六书皆汉制"，《窝泥》中的"俭勤独有唐风意"，均反映出云南少数民

① 林超民主编：《西南古籍研究2011年》，云南大学出版社2012年版，第448页。
② 李孝友笺释：《清代云南民族竹枝词诗笺》，云南美术出版社2005年版，第125页。
③ 李孝友笺释：《清代云南民族竹枝词诗笺》，云南美术出版社2005年版，第125页。
④ 李彬主编：《语言文字知识》，北京燕山出版社2009年版，第65页。

族深受汉文化的影响，使他们的学习、生活都发生了变化。

建水文庙及儒学教育、儒家文化的传播，加之明清时期大量汉族移民的加入，使得建水地区各少数民族的生活习俗、生活观念等都潜移默化地发生了改变，逐渐与内地趋同，诸如元旦更桃符贺岁、上元观灯、清明插柳、端午悬艾、酌菖蒲酒、七夕乞巧、中元祭祀、中秋赏月、重阳登高、腊月二十四祀灶、除夕守岁等汉族节日已为当地民族所接受。建水原生的本土文化与外来的汉文化相融合，汉语汉字逐渐为建水各民族人民所掌握，成为交流书写的主要工具，儒家思想在少数民族意识形态领域占据主导地位，这一切都加速了临安府的民族同化过程，促进了少数民族与汉族人民的文化融合。①当某种风俗内化为一种无意识自觉的行动时，说明这种风俗已成为社会主体所认同的生活和行为方式。"主体在处理生命中重要阶段的事务时采取了何种方式，说明主体已经具有了与之相应的世界观和思考方式。"②直至今天，建水地区老百姓仍保持着对儒家文化和中华民族的认同和尊崇，这也是建水各民族长期和睦相处的根本原因。相较内地而言，建水地区文庙及儒学教育开设较晚，但由于主政者的大力推行，加之汉族移民的大量迁入，带来了先进的生产力，儒家文化得到很好的推广。建水文庙从元代始创到明清时期走向辉煌，社会教化的功能也被发挥到极致，最终使位于滇南一隅、曾为"蛮荒之极，云南极边"③的建水，发展成为儒学发达、人才蔚起的边陲重镇。

以建水文庙为轴心、州学府学为两翼、书院义学私塾为辐射的儒家文化教化网络对滇南地区的社会教化形成了深远的影响。建水文庙作为西南地区规模最大的文庙，对滇南地区的社会教化及民族同化发展具有贡献，具有重要的学术研究价值。

---

① 张勇、[越]陈友山主编：《"红河流域社会发展国际论坛"首届国际学术研讨会论文集》，云南大学出版社2006年版，第392页。

② 曾黎：《仪式的建构与表达 滇南建水祭孔仪式的文化与记忆》，巴蜀书社2012年版，第96页。

③ 张勇、[越]陈友山主编：《"红河流域社会发展国际论坛"首届国际学术研讨会论文集》，云南大学出版社2006年版，第393页。

恢宏巨制耀中华：
建水文庙的建筑及特色

总体格局：中轴对称宫殿式布局

泮池：全国文庙之最

四门八坊：文庙规制与地域特色完美结合

祠祀建筑：庄重肃穆

教学建筑：完备宜习

建水文庙位于云南省红河哈尼族彝族自治州西北部的建水县临安镇建中路四段，数百年来历经50多次扩建增修，占地面积已达到7.6万平方米，包含古建筑29栋117间，建筑面积4717平方米，还有全国面积最大、最为壮阔的泮池。建水文庙的规模及文物完整性仅次于曲阜孔庙，为西南地区之最，故而有"规制宏敞，金碧壮丽甲于全滇"的美誉。

总体格局：
中轴对称宫殿式布局

　　建水文庙总体布局采用中轴对称宫殿式布局，坐北朝南，仿照曲阜孔庙的格局建造，原有一池（泮池），一坛（杏坛），一圃（射圃），二殿先师庙（大成殿、崇圣殿）、二庑（东庑、西庑）、二堂（东明伦堂、西明伦堂）、三阁（尊经阁、奎文阁、奎星阁）、四门（棂星门、大成门、金声门、玉振门）、五亭（敬一亭、思乐亭、斋宿亭、东碑亭、西碑亭）、六祠（寄贤祠、仓圣祠、名宦祠、乡贤祠、节孝祠、忠义孝悌祠）、八坊（太和元气坊、礼门坊、义路坊、洙泗渊源坊、道冠古今坊、德配天地坊、圣域由兹坊、贤关近仰坊），是一组规模宏大的建筑群。除了射圃、尊经阁、文星阁、敬一亭和斋宿亭已不存在外，其余建筑基本完好保存至今。建水文庙在我国地方文庙中规制最为严谨，共有七进院落。曲阜孔庙按帝王规制建造，有九进院落，地方文庙不能超越此规格。[①]建水文庙在遵循规制的同时，又有所突破和创新，如泮池的形制和规模居全国之首。

① 云南孔子学术研究会编：《孔学研究》第17辑，云南人民出版社2011年版，第99页。

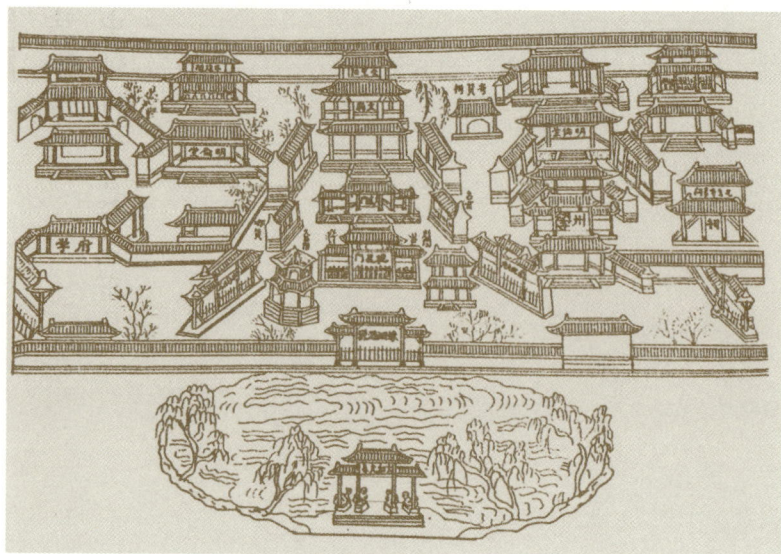

建水文庙布局图（图片来源：民国《续修建水州志》）

泮池：全国文庙之最

椭圆形泮池

建水文庙的泮池堪称全国文庙泮池之最。泮池俗称学海，位于太和元气坊后，迎面而来的是一个巨大的椭圆形水池，南北长270米，东西宽110米，面积3万余平方米，基本相当于三个标准足球场大小，规模为全国文庙之首。

泮池始建于明成化三年（1467年），知府周瑛、同知白伦、通判林定、推官刘埙等按古学宫布局开挖，泮池下砌以石，上乘以桥，引泉水，植芹藻，"冠带缙绅之士鼓舞于阗观之时"①。弘治十二年（1499年），知府王贤良疏浚，池广20余亩。以后又经清康熙、乾隆年间几次浚修，泮池达到45亩，规模成为全国之最。康熙五十三年（1714年），修砌泮池堤和宫墙。

泮池北端筑一小岛，岛和堤由一座三孔石拱桥相连。岛上修建思乐亭，亦称钓鳌亭，始建于明万历四十六年（1618年）。其意取于《诗经》"思乐泮水、薄采芹藻"之意，勉

①康熙《建水州志》卷18。

建水文庙泮池（图片来源：图虫创意）

励生员发奋读书，日后高中榜首，犹如钓得海中大鳌。思乐亭"打破了大面积水域的单调性，同时成为观看北部洙泗渊源坊的最佳地点，具有点景和观景的双重功能"①。光绪四年（1878年），临安知府许桂庭重建时，亲笔题书"涵咏圣涯"匾额悬于思乐亭上。

按规制，一般文庙的泮池均呈半圆形，但真正符合半圆形的泮池不太多，大多不足半圆，个别超过半圆，最多的是弦形，还有月牙形、圆形、心形、方形、带形、碗形等形制。②建水文庙因地就势、借用自然环境形成的水面，历经多次修扩，形成一个椭圆形湖面，成为全国最大的泮池，又称为学海。池中加筑小岛，并在岛上修建一亭，景致绝佳。建水文庙的泮池无论形制、规模或是建筑均独具特色，将中国传统的山水园林艺术融入其中，实现了实用性、观赏性与审美趣味的结合，超越了普通泮池的象征意义。

① 孔喆：《孔子庙建筑制度研究》，青岛出版社2018年版，第187页。
② 孔喆：《孔子庙建筑制度研究》，青岛出版社2018年版，第187页。

象征意义与审美趣味融合

最初，文庙中的泮池是一种象征性布局，古时天子讲学的辟雍有环形水池拥护，但祭祀孔子不能类比天子，其池沼应减半，布置一座半圆形水池，故称泮池。在传统建筑纵向轴线布局的限制下，泮池只能以小型水池示意，全国文庙大都如此。建水文庙采用如此大型的泮池，实属罕见。为避免开阔的泮池单调，池中加筑一小岛，岛上建一亭，突破了泮池的象征性用途，充满审美趣味和生活气息，这是建水文庙不拘旧礼、敢于突破创新之处。

建水文庙泮池旧时以"思乐亭"为界，分成上下两塘，上塘种红莲，下塘种白莲，取"连连高中"之意，东面池边植水芹，寓有学子勤（音同"芹"）奋求学之意。在科举时代，凡生员入学、中举或中进士之后，都必须到文庙拜祭孔子，随后登思乐亭，环游泮池一周，再采芹而归。这种"游泮采芹"，是士子们引以为荣的大事。自古以来，泮池就以其声名引得文人骚客纷纷不惜笔墨，赞赏有加。清人李涵在《重修文星阁记》中如此描绘："惟临建之泮，秀甲于滇，汪汇里许，焕影卧波，历冬春不竭。昔当道环以桃柳，亭榭其中，曰钓鳌亭，曰文星阁。登眺于斯，游艺于斯，壮丽为一时最。"[1]其池水"汪洋清澈，每朝晨曦乍起，翠波点心，净碧无尘，文澜万顷"。李涵把建水文庙泮池及其周边的景致描写得美不胜收，秀美壮丽。清代临安府石屏州人许书屏作有《郡学泮池》一诗盛赞泮池："活泼源头一鉴泓，分来洙泗焕文明。影垂远岫层层翠，纹皱澄波细细生。晓日光腾芹藻润，春风嘘拂李桃荣。漫云观海难为水，无数蛟龙奋太清。"[2]建水文庙泮池水明如镜，建水古城城南四十里的焕文山（形如笔架）可倒映池中，山光水色，与蓝天白云相映衬，分外宜人，故称"学海文澜"或"焕山倒影"，为建水十景之一，彰显人文与自然的和谐生辉。清代临安府石屏州进士张汉在《学海观炬》一诗中描绘道："焕文峰影泮池中，几点遥窥野炬红。"[①]白天，焕文山可清晰地倒映在泮池之中，夜晚，透过一池碧水遥看远山之上火把星星点点，白天晚上景致不同，透露出作者满怀的诗意和对未来的美好期盼之情。昔时每逢火把节之夜，焕文山上火把星星点点，辉映池中，火星多则可征兆来年科举中榜者亦多。

泮池远眺思乐亭（图片来源：图虫创意）

① 雍正《建水州志》卷14。

四门八坊：
文庙规制与
地域特色完美结合

棂星门：融合地方门楼特色

建水文庙的棂星门为三开间单檐歇山顶抬梁式建筑，通面阔14.6米，进深3.6米，高6.8米。现存建筑为清乾隆五十年（1785年）重建。它最具特点的是将四根中金柱穿出屋脊瓦面2米，柱顶之上罩有明景泰五年（1454年）建水窑烧造的青花盘龙瓷柱罩，下端木雕有飞龙，均刷上紫土桐油保护，为全国文庙中罕见的建筑形式。建水文庙棂星门为"屋脊出柱式棂星门"[1]，形似一间房屋，主体为木结构，仍保留冲天式棂星门的特点，房梁上装饰有精美雅致的花纹图案。棂星门既具有祭祀、纪念、象征功能，又兼具门楼的装饰性和艺术性，其建筑形式既保留了文庙棂星门所特有的坊式特点，又与地方门楼建筑的特色巧妙结合，实现了中原文化与边地文化的交互融合。建水文庙的棂星门"在全国文庙建筑中绝无仅有，古建筑专家称之为全国之最"[2]。

棂星门左右两边分别是东西碑廊，于1999年恢复重建。

① 孔喆：《孔子庙祀典研究》，青岛出版社2019年版，第153页。
② 柯治国主编：《建水文庙——开启滇南文庙的圣殿》，云南美术出版社2004年版，第36页。

建水文庙棂星门

碑廊建成后，原文庙所存碑刻，经整理修复，移存于内。东碑廊保存有元至大元年（1308年）武宗皇帝追封孔子为"大成至圣文宣王"的圣旨碑，是滇南最古老的碑刻，还有历代有关重修学宫、学庙田产、丁祭大典等三十余通碑刻；西碑廊保存有明清临安府儒学科甲题名和历代德政碑，警示、训导、圣谕、程子四箴及部分有地方历史价值的建水碑刻三十余通。

大成门

建水文庙现存大成门重建于嘉庆十八年（1813年），为三开间两进深单檐歇山顶抬梁式建筑，琉璃瓦屋面，通面阔13.3米，进深5.5米，高7.4米。大成门是级别较高的三门道单体台门，台基为白石须弥座，门前石阶正中有青石雕龙御路

建水文庙大成门

石。门上饰有金色门钉，大门正上方悬挂"大成门"匾额一块。大成门是通向建水文庙主体建筑大成殿的大门，按皇宫礼制建造，藻饰精美，门前砌以雕刻精致的汉白玉围栏。大成门在建水文庙整个建筑群中具有承前启后的重要作用，为进入祭祀孔子的大成殿营造了一种庄重、威严、神圣的空间氛围和仪式感，具有极强的象征意义。

金声门和玉振门

大成门两侧有两道大门，东面称金声门，西面称玉振门，建于清嘉庆十八年（1813年）。"金声""玉振"两门都是单檐歇山顶单体门，青瓦屋面，通阔5.3米，进深5.3米，高5.8米，占地面积26.5平方米。两门是进入东西明伦堂的侧向通道。[①]"金声玉振"，是孟子赞扬孔子的形象比喻，语出《孟

① 柯治国主编：《建水文庙——开启滇南文庙的圣殿》，云南美术出版社2004年版，第41页。

子·万章》："孔子之谓集大成。集大成也者，金声而玉振之也。金声也者，始条理也；玉振之也者，终条理也。始条理者，智之事也；终条理者，圣之事也。"金声即是钟声，玉振即是磬声，祭祀的古乐以钟声起，以磬声落，象征着孔子的思想恰似有始有终、完美无缺的礼乐，他的思想是集古圣先贤之大成的完美体现。金声、玉振二门矗立于大成门两侧，比喻孔子思想与智慧的完美，蕴含着儒家思想传承的延绵不绝之势。

八 坊

太和元气坊原称云路坊，始建于明万历三年（1575年），为知府昌应时所建，牌坊上题写"滇南邹鲁"四个大字。清雍正四年（1726年），知府贾尔璋重建牌坊，改题门额为"太和元气"。重建后的太和元气坊，"棹楔高悬，宫垣远映，金碧雕镂，与云影天光相辉耀于晴波中，光彩陆离，爽襟豁目，文明气象岿然增新"，"复于坊前创立甬壁，由是规模阔大，形势尊严，观者莫不起敬"。[1] 太和元气坊是建水文庙的大厅，现存建筑为四柱五楼三通道牌坊建筑，木石结构，通面阔23.3米，进深5.9米、高9.8米、占地137.5平方米。屋面为青色筒板瓦单檐歇山顶，檐下斗拱繁复，甚为精美。当中两扇木门饰以金色门钉，门前置石鼓一对。明间为木板门，次间是木栅栏门，石砌须弥座夹杆石上置石雕龙麟狮象，明间门头板上书"太和元气"四个贴金大字，次间门头装板上刻有清雍正年间重修此坊时，临安府主要军政首脑的名字，左为文职官员，右为武职官员，如意斗拱精工制作，座面单檐歇山顶，青瓦铺盖。[2] "儒学取得了独尊地位之后，

① 柯治国主编：《建水文庙——开启滇南文明的圣殿》，云南美术出版社2004年版，第24页。
② 云南省政协文史委员会编：《云南文史资料选辑》第57辑，云南人民出版社2001年版，第349页。

礼门坊

太和元气坊

龙麟狮象石雕

通过牌坊达到旌表、教化的目的成了儒学辅佐政治的重要手段之一。"①太和元气坊也具有旌表和教化的功能。太和元气坊兼有南方石牌坊和北方木牌坊的特点，把龙、狮子、麒麟、大象雕刻整合为一体，中国传统的瑞兽与狮子及独具西南地区地域特色的大象巧妙结合，石雕、木雕、绘画等艺术形式交融。它们传递着儒家的价值取向，既褒扬了孔子在儒家思想上的重大贡献与功德，又在空间上为正式进入建水文庙营造了庄重、威严、宏大的意境。我国北宋理学家张载用"太和"一词形容气的融合、氤氲未分的状态，即阴阳二气为矛盾的统一体，认为"太和所谓道"。太，通"大"，至高至极。和，指对立面的均衡、和谐与统一，"太和"指天地、日月、阴阳会合、冲和之气；"元气"原意为形成世界的原始物质，将金、木、水、火、土这五行称为"元气"，世界上万事、万物都是由五行构成。"元气"为天地、日月、阴阳会合

① 徐淑霞：《儒学催化的牌坊文化解析》，载《河北师范大学学报（哲学社会科学版）》2010年第1期。

之气，是生长万物的根本。"太和元气"就是指孔子创立的儒家之道如同天地化育万物一般，是人类思想的精华，已到达至高无上的境地，是富有生命力的思想学说。太和元气坊蕴含人们对孔子及其代表的儒家学说的赞叹之情。

礼门、义路坊名出自《礼记·礼运》："圣王修义之柄，礼之序，以治人情。"礼门、义路两坊，原为木制牌坊。清顺治四年（1647年）毁于战火。乾隆二十九年（1764年）重建为石牌坊。两坊均为青石雕刻的仿木结构四柱三楼三门道石坊，通面阔5.82米，进深3.56米，高5.35米。两坊之前都竖有一块下马碑。康熙二十九年（1690年），定"官员兵民人等于此下马"例，通行各省，故在文庙外立此"下马碑"。凡有祭典活动，各路官兵至此，必须文官下轿，武官下马，以示对孔圣人的尊敬。礼和义是孔子思想的重要维度，无礼不立，礼和义是立人之本，君子必以礼义为先。礼门、义路二坊彰显了孔子关于礼和义的主张。下马碑立于礼门、义路二坊之前，显示历代统治者和广大民众对孔子及其倡导的儒家思想学说的恭敬、尊崇和敬仰，也可使人更好地感受建水文庙的庄重与威严。

洙泗渊源坊"仅见于建水的临安文庙"[1]，在全国范围内为建水文庙所独有。"洙泗渊源"，意即儒家学说起源于山东曲阜洙水、泗水交汇处的孔子故里。古时鲁国首都曲阜有洙水和泗水两条河流，两河交汇处即孔子的出生地，后来又成为孔子聚徒讲学的场所和儒家思想的发源地。后人以"洙泗"作为儒家和儒家思想的代称。建水文庙洙泗渊源坊始建于清乾隆二十九年（1764年），由教授董聪同一批绅士倡建。[2]现存建筑为清乾隆四十三年（1778年）重修，前题"洙泗渊源"，背面书"万世宗师"，坐落于棂星门前，太和元气

① 孔祥林、孔喆：《世界孔子庙研究》上，中央编译出版社2011年版，第235页。
② 杨丰编撰：《建水文庙文史资料汇编》，建水文庙管理处2002年版，第14页。

洙泗渊源坊一

洙泗渊源坊石雕

坊后，坊前东西两侧便是下马牌和礼门、义路二坊，是建水文庙的重要入口建筑，可以看作文庙的大门。它面对学海，背依棂星门，层檐密集，体型宏伟，高达9米，为典型的七开间三门道古牌楼建筑。屋面为单檐歇山顶，檐下斗拱密密层层，精巧玲珑。坊通面阔23.7米，进深4.5米，高9.8米，占地106.6平方米。为了稳定如此高大的牌坊柱身，分担斗拱承重，建造师匠心独运，巧妙地在中楹坊座的石雕麒麟与石狮子顶上各雕一跪姿石人，石人头托莲花，石莲上承雕龙木柱，四根木柱分别支撑坊顶四个檐角，形成两根主柱并列悬挂四根吊脚辅柱的架势，令人叹为观止。四根木柱前后皆有高大的麒麟座挟杆石和擎檐柱。挟杆石座高达3米以上，雕刻富丽，石砌须弥座挟杆石上为巨型石雕龙、凤、麟、狮、象，造型栩栩如生，刻工精致，是罕见的建筑石雕精品。座上托承的擎檐柱上雕刻有金色盘龙缠绕柱身，作为结构加固构件的挟杆石和擎檐柱变成牌坊造型装饰的一部分，与牌坊浑然一体，丝毫没有突兀之感。坊东西两侧是青砖烧制后拼缀而成的"二龙戏珠""双凤朝阳"巨幅壁画精品，雕刻精美，极具艺术审美价值。洙泗渊源坊是建水文庙独有的牌坊，其建筑形制与太和元气坊类似，但又有所承继和超越。洙泗渊源坊展现出建水文庙对儒家学说的追根溯源，寓意孔子创立的儒家思想源远流长，历经千山万水，在万里之外的滇南边地得以传承和弘扬。气势恢宏的洙泗渊源坊与开阔的泮池遥相辉映，寓意孔子及其学说在这里得到了最高的尊崇和发扬光大。

紧接洙泗渊源坊两侧的红墙上，镶嵌"鸢飞鱼跃"四块石刻行书大字，每块高1.52米，宽1.12米。这四字是从保山文庙摹刻而来，营造出"山静水流开画境，鸢飞鱼跃悟天机"

洙泗渊源坊二（图片来源：图虫创意）

德配天地坊（图片来源：图虫创意）

建水文庙研究

道冠古今坊（图片来源：图虫创意）

的意境。"这是中国传统建筑对结构构件美学加工的深刻意蕴"①，整座牌坊气势宏大，建筑艺术与自然景观巧妙融合，为全国文庙同类建筑中的顶尖之作。

德配天地、道冠古今两坊，位于洙泗渊源坊后的东西两侧，建制相同，为三开间四柱五楼单门道砖木结构牌坊，通面阔16米，进深5米，高9米。现存建筑为清乾隆五十七年（1792年）重建。两坊属于牌坊与门楼形式的结合，又将江南园林的透景艺术巧妙应用于牌坊的砖墙之上，独具艺术趣味。

圣域由兹、贤关近仰坊，两坊分别并列于德配天地、道冠古今坊之后，建制相同，为三开间二柱三楼单门道砖木结构牌坊。圣域由兹坊为建水文庙东侧门，贤关近仰坊是西侧门。二坊通面阔10.24米，进深3.8米，高7米，清乾隆五十八年（1793年）修建。两坊为建水文庙从东、西两侧进入文庙的通道，两坊既是进出文庙的门关，又是寓指通达儒家文化、成为圣贤的必由之路。

---

① 孙大章主编：《中国古今建筑鉴赏辞典》，河北教育出版社1995年版，第1048页。

祠祀建筑：
庄重肃穆

大成殿（先师庙、先师殿）

大成殿是文庙内宫殿式主体建筑。明嘉靖九年（1530年），取消孔子的大成至圣文宣王谥号，改谥至圣先师，建水文庙的大成殿因此改称先师庙、先师殿。建水文庙先师庙始建于元代，[①]后屡次重修，距今已有七百多年，仍坚固完好。先师庙为五开间三进深抬梁式单檐九脊歇山顶式建筑，结构虽繁缛但井然有序。屋面出檐深远，三面有环廊。整个先师庙采用二十八根柱作为承载重量的构架柱，其中二十根大石柱是用整块青石斧雕凿而成，约重万斤，其余则为粗木雕镂而成，形成古建筑中十分特殊的石木构架承重结构。先师殿前置有石狮。前檐左右两根角柱，高5米，上半部直径约0.5米，镂雕成龙腾祥云的"石龙抱柱"，下半部是圆柱，直径0.3米，上面镂刻的浮云游龙活灵活现。相传在元朝泰定年间，人们扩修文庙，当时一位技艺精湛的老石匠得神人附

---

① 杨丰编撰：《建水文庙文史资料汇编》，建水文庙管理处2002年版，第10页。

体，花七年时间雕成这两根石柱。[①] 这两根石龙抱柱采用高浮雕与透雕相结合的艺术手法，雕工精细，造型栩栩如生，体现了建水古代石雕的高超技艺，衬托出大成殿庄严神圣的气氛，显示出与众不同的建水文庙特色，是罕见的艺术精品。

先师庙内正中设有供奉孔子塑像的圣龛，龛座下部为桌式，用整块青石雕凿成，上部用高档木料制作，孔子的塑像供在雕龙宝座上，立于麒麟图案饰门镂空檀香木阁中。

先师庙的屋顶全用五光十色的琉璃瓦铺盖，屋脊上有吻兽仙人和走兽。"先师庙"三个榜书大字是清代书法家王文治就任临安知府时所题，每字长2米，宽1.5米，悬挂在正殿屋檐下，全用黄金箔片贴成。

整个大殿中共悬挂清代帝王赞孔尊孔的八块"御题"贴金匾额。它们分别是康熙的"万世师表"，雍正的"生民未有"，乾隆的"与天地参"，嘉庆的"圣集大成"，道光

石龙抱柱

建水文庙先师庙（图片来源：图虫创意）

① 云南省少数民族古籍整理出版规划办公室编：《云南民族口传非物质遗产总目提要》下卷，云南教育出版社2008年版，第493页。

先师庙飞檐（图片来源：建水县文庙管理处）

清代御题匾额（图片来源：建水县文庙管理处）

的"圣协时中"，咸丰的"德齐帱载"，同治的"圣神天纵"，光绪的"斯文在兹"。

康熙"万世师表"匾

雍正"生民未有"匾

乾隆"与天地参"匾

嘉庆"圣集大成"匾

道光"圣协时中"匾

咸丰"德齐帱载"匾

同治"圣神天纵"匾

光绪"斯文在兹"匾

二十二扇木屏门：精美绝伦

先师庙正面的二十二扇木屏门，门上雕刻有近百种飞禽走兽，形态各异，工艺精细，栩栩如生，并且雕图都有主次之分。格扇门的棂花格扇心为云水腾龙透雕，行龙威猛，云水击荡，彩色描金。尤其是龙首为高浮雕，全部凸出正在棂花格扇之外，使主题更为突出。这种以透雕图案组织格扇门的做法在云南大理、丽江、剑川一带也十分盛行。对于以祠祭为主的非生活性建筑，亦是一种表现建筑艺术性的手段之一。先师庙二十二扇木屏门上雕画名称依次为：双狮分水，喜上眉梢，犀牛望月，三阳开泰，麟吐玉书，丹凤朝阳，喜鹊闹梅，顶天立地，至六龙捧圣，国香双喜，竹报平安，禄禄有福，松鹤长春，报喜之图，封侯挂印，一路连科，象呈升平。

现存先师庙二十二扇木屏门应为明弘治年间或清嘉庆年间雕刻而成。"元朝泰定二年建文庙时，从大理请来了剑川①的石工和木匠参加建筑"，"木窗上雕刻着近百种飞禽走兽，雕工细腻，看得出是剑川木匠的传统技艺。构图统一完整，无琐碎、凌乱之感，造型栩栩如生。采用玲珑剔透的三至五层'透漏雕'手法，表现了高超的木雕技艺。剑川木匠的技艺遍及云南全省，正如一句白族谚语所说：'丽江粑粑鹤庆酒，剑川木匠到处有'"。②据《剑川县志》记载："明初，剑川许多优秀木石工匠多次应召入京，嘉靖年间再次应召入京，参加故宫等大型宫殿工程建设，不仅发挥了地方精良传统技艺，也学习吸收到中原地区不少先进技术，使剑川木石技艺更臻完善。"③清代，剑川木石工技艺开始声名远播。清乾隆间，云南迤西道（驻大理，辖大理等五府三厅）道员张

① 元为剑川县，属鹤庆路；明升为剑州，属鹤庆州；清时为的江府剑川州；现剑川县属大理白族自治州。
② 杨丰编撰：《建水文庙研究资料汇编》，建水县文庙管理处2002年版，第79页。
③ 张泉：《白族建筑艺术》，云南民族出版社2005年版，第209页。

泓在《滇南新语》里描述道："盖剑土硗瘠，食众生寡，民俱世业木工。滇之七十余州县及邻滇之黔、川等省，善规矩斧凿者，随地皆剑民。"① 现存昆明华亭寺、筇竹寺、圆通寺及原金马、碧鸡、忠爱三坊，建水文庙、建水朝阳楼、牟定文庙、石羊文庙、景东文庙、凤庆文庙、孟连宣府司署、保山玉皇阁、宾川鸡足山等云南大量寺庙、官署等建筑的设计、木石雕凿，皆出自剑川木石巧匠之手。② 建水文庙二十二扇木屏门的雕刻技艺融合了中原文化以及西南地区的雕刻手法，生动见证了中原儒家文化和边地民族文化的融合统一。

先师殿木雕屏门（图片来源：建水县文庙管理处）

喜鹊闹梅屏门（图片来源：建水县文庙管理处）

六龙捧圣屏门

① 云南省剑川县志编纂委员会编：《剑川县志》，云南民族出版社1999年版，第6页。
② ［清］张泓：《滇南新语·夜市》。

屏门木雕图案集锦

崇圣祠

崇圣祠原称启圣祠，是祭祀孔子五代先祖的场所，《左传·文公二年》载"子虽齐圣，不先父食久矣"，故旧时祭孔须先祭崇圣祠。建水文庙崇圣祠始建于明嘉靖九年（1530年），并置经籍雅乐于内，清康熙年间两度重修，雍正九年（1731年）移址新建，嘉庆十五年（1810年）重修后改名为崇圣祠。[①]崇圣祠为五开间三进间单檐歇山顶抬梁式建筑，青瓦屋顶，通面阔24米，进深16.5米，高9米，占地面积396平方米，前檐梁架，斗拱彩画精美，色彩古朴，并立有石栏望柱。[②]石栏板上刻有杭州风景名胜图，图案为浅浮雕，共计26幅。风光名胜图的浮雕内容是：玉泉放生、灵隐现彩、灵峰叠翠、九里云松、雷峰夕照、昭庆占刹、烟霞洞天、三潭印月、石屋虚朗、虎跑名泉、乐天书院、揽舟亭、断桥残雪、湖心锦亭、梅林归鹤、苏堤春晓、海门潮汐、天竺香市、柳岸闻莺、两峰插云、曲院风荷、南屏晚钟、吴山江湖、平湖秋月、花港观鱼、韬光名刹。[③]风景名胜图为庄严肃穆的文

① 柯治国主编：《建水文庙——开启滇南文庙的圣殿》，云南美术出版社2004年版，第48页。
② 云南省政协文史委员会编：《云南文史资料选辑》第五十七辑，云南人民出版社2001年版，第351页。
③ 杨丰编撰：《建水文庙研究资料汇编》，建水县文庙管理处2002年版，103页。2020年11月15日，崇圣祠雕刻的杭州风光图经建水文庙活动部工作人员郭秀红现场核对确认为，共26幅。

建水文庙崇圣祠

庙增添了一份浓郁的生活气息，具有较高的观赏价值和艺术价值。文庙中雕刻有杭州风景名胜图为建水文庙所独有。两浙路临安府（原为杭州，升府后下辖杭州等四州九县）为南宋时期的"行在所"（不称京师、京城，以不忘收复中原之壮志），宋高宗赵构在临安期间为衢州孔庙御题《孔子像赞》，后传入建水文庙，摹刻为《孔子弦诵图》石碑，存放于杏坛内。元灭宋后，撤销浙江的临安之名，改其为杭州路，并将临安之名发配至云南行省，设临安路。从此，临安便在万里之外的滇南之地生根发芽，茁壮成长。自明洪武年间将元临安路改设为临安府后，建水一直是府治所在地，代表了临安的万里之外的传承。建水文庙雕刻的杭州风光名胜图在孔子的儒学思想和身为前临安府的杭州之间建立了关联和互动，既是对《孔子像赞》的追溯与边地对中原儒家文化的一种向往及美好想象，更是千年两临安之间的心心相印。20世纪末期，崇圣祠由于年久失修，后山墙石脚下沉，造成后檐柱屋架脱榫，使瓦屋面变形，石栏歪斜，栏柱断裂，二十二扇屏门中，有十扇遭到破坏，四扇雀替无存。[1]后来政府施工队进行了修复。

寄贤祠

寄贤祠又称景贤祠、二贤祠。明洪武年间，山西右布政使韩宜可、左参政王奎二人，因上书言事，政见与皇帝相左，被贬谪到临安。他们在这里开馆讲学，传播儒学文化，为时长达十六年之久，对建水的文化教育发展作出了重大贡献，并开建水文教昌盛之先河。后人永志其德，建祠以祀。寄贤祠始建于明成化二十二年（1486年），左参政陈宣的《寄贤祠记》载："构祠三间，以栖公神。中为亭，前门、外门称之，东西为厢房，皆缭以垣，深整严肃"[2]，塑二公遗像于其内，春秋上丁日与祭孔同日祭祀二公，并题"寄贤祠"匾额于祠上。嘉靖五年（1526年）重建，云南按察副使欧阳重的《复修寄贤祠记》载："于祠前广易其地，作前后讲堂者二，堂自为门，环以书房总四十间"[3]。讲堂一题额"聚奎"，另一题"丽泽"，题额"寄贤书院"。清康熙十二年（1673年）、三十二年（1693年）年重修，改名为景贤祠。雍正九年（1731年）重修，改题"二贤祠"。现建筑为宣统三年（1911年）重修，属三开间单檐硬山顶抬梁式建筑，青瓦屋面，通面阔12.86米，进深1.49米，高8.2米，占地面积167.05平方米。[4]

① 云南省政协文史委员会编：《云南文史资料选辑》第五十七辑，云南人民出版社2001年版，第351页。
② 杨丰编撰：《建水文庙历代碑文选注》，建水文庙管理处2004年版，第10页、19页。
③ 杨丰编撰：《建水文庙历代碑文选注》，建水文庙管理处2004年版，第10页、19页。
④ 柯治国主编：《建水文庙——开启滇南文明的圣殿》，云南美术出版社2004年版，第49页。

仓圣祠

仓圣祠是祀奉我国古代黄帝史官、开中国文字之先河的创造者仓颉的祠堂。据传说，仓颉创制了我国最早的文字，革除了当时结绳记事之陋，在汉字创造的过程中发挥了重要作用。仓颉造字使得中华文明得以通过文字的方式传承延续，开创文明之基，因而被尊奉为"文祖仓颉""造字圣人"。建水文庙把仓颉与孔子一同祭祀，既表明人们对仓颉的伟大功绩和创立儒家学说的孔子的敬仰和尊崇，又蕴含着儒家文化与文字之间密不可分的依存关系。文字使得儒家文化千百年来得以传承和弘扬，儒家文化的发展进一步让汉字得到推广和使用，二者互相促进，生生不息。建水文庙仓圣祠始建于明代，现存建筑为清道光十六年（1836年）重建，为三开间三进深单檐硬山顶抬梁式屋架建筑。通面阔14.75米，进深9.9米，高9.8米，占地面积181.43平方米。其十八扇屏门雕刻精致，栩栩如生，前檐梁架、檩枋上彩绘色彩浓淡相宜，富有中国古典艺术的韵味。1990年10月，云南省文化厅拨款维修建水文庙，仓圣祠也得到了修复。维修人员依照文物维修的修旧如旧原则，未作彩绘，而是在原有色彩、图案基础上，进行认真细致的做旧处理。[①]1991年5月，赴建水考察的郑孝燮、孙轶青、罗哲文、丹彤等文物学家看到仓圣祠修复后呈现出古朴典雅、和谐一体的效果，称赞道："中国的文物维修工作就应该严格按照修旧如旧的原则进行。建水仓圣祠就是很好范例。"[②]

① 云南省政协文史委员会编：《云南文史资料选辑》第57辑，云南人民出版社2001年版，第352—353页。
② 云南省政协文史委员会编：《云南文史资料选辑》第57辑，云南人民出版社2001年版，第353页。

教学建筑：
完备宜习

杏坛

杏坛相传是孔子聚徒讲学的场所。《庄子·渔父》云："孔子游乎缁帷之林，休坐乎杏坛之上，弟子读书，孔子弦歌。"

建水文庙杏坛位于大成殿前甬道正中，棂星门和大成门之间，始建于元代，明天顺六年（1462年），知府王佐、徐景云、指挥万僖重建。据《滇志》记载，明万历十六年闰六月十八日（1588年8月9日），云南建水曲溪地震，震级大于等于7级，震中烈度大于等于9度："闰六月十八日，临安通海、曲江同日地震，有声如雷，山木摧裂，河水噎流，通海倾城垣，仆公署、民居，压者甚众，曲江尤甚。"[①] 杏坛及其他建筑均在地震中遭到不同程度破坏。清乾隆五十七年（1792年）再度修葺，后因地震毁坏。现建筑为2000年重建。杏坛采用三开间平面正方形单檐亭形式，高10.3米，阔7.12米，两层台基，石栏环绕，四面敞开。每一块石栏都雕刻有中国民间传统吉祥图案，共48幅，雕刻细致精美；还有58段孔孟箴言、名言警句及释义，图画与文字融合，具有浓郁

①［明］刘文征：天启《滇志》卷31。

建水文庙杏坛

的文化气息。十二根高浮雕盘龙石柱林立，五踩重昂斗拱，十字歇山顶，琉璃瓦屋面，内为斗八藻井、金龙和玺彩画，建筑规格等级很高，仅次于先师庙。杏坛中有一块明天顺年间的《孔圣弦诵图》画像碑。该碑的摹刻现安放于先师庙外左侧。

西明伦堂

西明伦堂，为三开间三进深单檐硬山顶抬梁式建筑，始建于明洪武十六年（1383年），清康熙六年（1667年）重建，为临安府学所在地，也是讲习礼义之地，谈经论道习艺之所。堂门右前方有一树中树的奇观，是一株附生榕树（万年青）包着一棵柏树，两树合抱，蔚为奇观，民间称之为"万将军抱柏小姐"①。关于这个奇景，还流传着一个美丽

① 红河哈尼族彝族自治州林业局编：《红河哈尼族彝族自治州林业志》，云南大学出版社1991年版，第157页。

西明伦堂（临安府学）

的传说。相传很久以前，泸江南岸住着一位姓白的小姐，她与姓万的青年樵夫结成夫妻。镇守此地的王爷看中了白小姐，为占有她，便借口征召军夫，强迫万樵夫入伍。不久，王爷强迫白小姐与自己结婚，白小姐宁死不从，结果被毒害致死。她死后，化作一棵冲天的柏树。万樵夫在战场上九死一生，立下赫赫战功，被朝廷封为"平寇将军"。万将军荣归故里后，得知妻子被害，便来到她殉难的地方，双臂抱着柏树，最后气绝身亡。他化成了一棵万年青，将柏树包在中间。后人为纪念这对患难夫妻，就把这一奇观称为"万将军抱柏小姐"。①这个故事蕴含着人们对爱情忠贞信念的推崇，也给庄严肃穆的文庙增添了丝丝温情与浪漫气息。

"万将军抱柏小姐"

　　1990—1998年，国家文物局、省、州、县各级财政拨款维修西明伦堂。2001年，建水文庙成为第五批全国重点文物保护单位，建水文庙的保护上升到一个新的阶段。随后，在文庙办学的建水一中搬出文庙，部分文庙土地划归建水一中使用。如今，西明伦堂被一面墙隔出建水文庙之外，成为建水一中的一部分，门口悬挂着建水县委宣传部、共青团建水县委、建水县教育局共建的"建水县青少年读书基地"的牌圕。西明伦堂成为中学生日常看书学习的书吧，西明伦堂内墙壁上镶嵌的碑文依然保存完好。明伦堂是古代的教育空间，文庙师生的教学活动主要在这里进行。建水一中作为一所现代学校，与以建水文庙为载体的古代庙学相比，其教育宗旨、目的、课程及教学方式已经发生了天翻地覆的变化。但建水一中代表的现代教育空间与古代教育空间通过建水文庙的西明伦堂，跨越历史长河的阻隔实现了链接，二者的教育空间产生了重叠，它们所承载的学校、师生关系及文化意蕴仍然具有内在的联系，古今教育文化在此发生了奇妙的互动。

东明伦堂

东明伦堂始建于明万历四十三年（1615年），建水知州赵士龙请求增设建水州学，巡按御史吴应琦疏请获准。次年正式在文庙大成殿东增建州学，设堂三间，左右斋房各五间，仪门、大门各三间，上悬朱子楷书圕。[1]康熙六年（1667年），学正鲁大儒重建州学明伦堂。康熙十二年（1673年），修州学左斋房五间并大门、仪门。康熙五十三年（1714年），知州陈肇奎重修州学。1999—2001年，东明伦堂进行大修。东明伦堂为三开间三进深单檐硬山顶抬梁式建筑，建筑规模及其功用皆与西明伦堂相同。不同之处在于西明伦堂是府学所在地，而东明伦堂为州（县）学所在地。[2]明伦堂是明清时期学校和书院的正殿，是一座学校读书、讲学、弘道、通明人伦道德的主要场所。[3]府、州、县学是官办的学校，历来作为国家兴学教化的主要场所。建水文庙的东、西明伦堂不仅承担着为统治者培养人才的使命，还肩负着代表国家进行宣传、教化的职责。因而，将临安府府学、

---

[1] 杨丰编撰：《建水文庙资料研究汇编》，建水县文庙管理处2002年级，第18页。

[2] 柯治国主编：《建水文庙——开启滇南文明的圣殿》，云南美术出版社2004年版，第47页。

[3] 骆明主编：《历代孝行类编·兴孝篇》，光明日报出版社2016年版，第266页。

东明伦堂（建水州学）

建水州学（县学）设于东、西明伦堂，实现了人才育用与儒家人伦教化的统一。

尊经阁

　　尊经阁之意为"以经为尊""尊经以明伦"，体现出儒家经典是国家知识的权威承载者和引导者，表明象征国家政治文化载体的文庙对儒家经典的敬重态度。"明代州县儒学的尊经阁作为地方文庙体系中的重要建筑，是由地方官府负责管理的公共性质图书收藏中心，在知识传播过程中彰显着鲜明的国家意志色彩。"[1]尊经阁作为一地图书之府，是贮存六经、御制诸书及百家子史的藏书楼，既为朝廷官吏学习统治之术提供知识支持，也为民间士绅宣扬儒家伦理纲常、施行教化提供资料参阅，发挥着"崇经范道，贮书讲学、育士抡才"的综合性功用。建水文庙的尊经阁亦具备上述功能，并且是古代滇南地区最早的藏书楼。[2]明宣德年间，知府赖

① 赵永翔：《尊经以明伦：明代儒学尊经阁的隐喻》，载《孔子研究》2015年第3期。
② 于志伟主编：《新编红河风物志》，云南人民出版社2000年版，第32页。

瑛建藏书阁，购经史诸书藏之，以便诸生诵读。天顺七年（1463年），新任知府周瑛见尊经阁欲倾，发起捐资，众官员响应，兴修并改扩建尊经阁，在阁的四壁绘上前贤刻苦好学的事迹图，勉励学子发奋学习。弘治九年（1496年），副使李孟晊、知府陈盛重修藏书阁，改名尊经阁，并置办了乐器。康熙十二年（1673年），知府程应熊重修尊经阁，并收贮经书。康熙二十八年（1689年），教授熊兆镒修尊经阁。道光十一年（1831年），尊经阁被移建至城西北隅。光绪七年（1881年）又进行了重修。[①]位于崇圣祠后的尊经阁现已毁，只剩数十株高耸入云、郁郁葱葱的古柏。明中叶以降，在邪说诬经的大背景下，各种玩经、叛经、毁经的现象层出不穷，尊经阁早期设置在国家政治文化制度顶层设计框架上的儒学知识权威性承载者和引导者的神圣色彩逐渐消退，逐渐沦为地方官的文教政绩和仅具物质外观的景观性建筑。[②]

建水文庙尊经阁为滇南地区保留了大量珍贵的典籍，发挥着积累知识、传承文化、宣扬伦理的功能，为后世研究建水地方文化发展提供了史料，是滇南地区尊崇儒家文化的象征。建水县图书馆的古籍现共有4126册[③]，沿袭自明宣德年间临安知府赖瑛所建藏书阁以及明清时期修建的藏书楼[④]。其中大部分来源于建水文庙尊经阁的藏书，尊经阁有效促进了滇南地区文化的昌盛，为区域文明的发展进程作出了重要贡献。

五亭

建水文庙的五亭分别是敬一亭、思乐亭、斋宿亭、东碑亭、西碑亭。其中，敬一亭、斋宿亭现已不存。

① 杨丰编撰：《建水文庙文史资料汇编》，建水文庙管理处，第10—11页。
② 赵永翔：《尊经以明伦：明代儒学尊经阁的隐喻》，载《孔子研究》2016年第3期。
③ 马慧：《红河州古籍普查和保护现状调查报告》，载《红河学院学报》2018年第6期。
④ 红河哈尼族彝族自治州文化体育局编：《红河哈尼族彝族自治州文化艺术志》，云南人民出版社2014年版，第328页。

思乐亭位于泮池北部的小岛上，小岛与岸边有一座三孔石拱桥连接。思乐亭为单檐四角攒尖顶亭式建筑，砖木结构，坐墙、靠背栏杆俱全。"思乐"取意于《诗经·鲁颂》"思乐泮水，薄采芹藻"，又有"书山有路勤为径，学海无涯苦作舟"之意。以勉励生员奋发读书，日后高中榜首，犹如海中钓得大鳌。思乐亭亦称钓鳌亭。"钓鳌"源于《列子·汤问》中记载的一个故事。渤海的东面几亿万里的地方，有个大壑，深不见底，名叫"归墟"。天地间的水都流进归墟，其所积攒的水却没有任何增减。归墟之中有五座巨大的山：岱舆、员峤、方壶、瀛洲、蓬莱。山上遍布奇珍异宝，还居住着仙圣。五座山下无根底，随水飘荡，为防止五座山飘走，天帝命海神禺疆用十五只巨鳌固定住五座山。龙伯国有一个巨人一下钓走了六只巨鳌，岱舆、员峤遂飘流到北极，沉没至海底。住在山上的仙圣不得不搬家。故事里的"巨鳌"就是"巨龟"之意，"钓鳌客"后用来比喻一个人气概非凡，胸襟阔大或有远大抱负。李白曾自称"海上钓鳌客"，其《赠薛校书》有诗句："未夸观涛作，空郁钓鳌心。举手谢东海，虚行归故林。"①

思乐亭与北面洙泗渊源坊对应，从牌坊里面由北向南望，思乐亭恰在牌坊正中央，犹如置于相框中的一幅风景画。思乐亭亦是远眺洙泗渊源坊的绝佳位置。思乐亭始建于万历四十六年（1618年），知府林裕旸于泮池内小岛上建思乐亭，并筑堤和石板桥与池畔林荫道相连；康熙六年（1667年），知府曹德爵重修思乐亭，改称育龙亭；康熙十二年（1673年），知府程应熊重修，并改称观水亭；1978年，思乐亭因损毁严重被拆除重建；1990年又对该亭进行维修。

东碑亭为三开间单檐硬山顶抬梁式建筑，青瓦屋面。

① 黄恩德主编：《云南文史资料选辑》第57辑，云南人民出版社2001年版，第352页。

思乐亭

通面阔15米，进深9米，高6米。碑亭内立有雍正三年（1725年）雍正皇帝御书的《御制平定青海告成太学碑记》，用汉文书刻。

西碑亭的建制与东碑亭完全相同，为单檐硬山顶建筑，高5.5米，三开间。此碑亭因椽子糟朽，瓦屋面陷落，后墙石脚浅，仅0.3米深，故被树根翘起，使墙体向外倾斜，东西墙壁开裂，虽用木料支撑，但随时有倒塌的危险。[1]现已进行了修缮。西碑亭内立一巨型古碑，为乾隆二十四年（1759年）乾隆皇帝御书的《御制平定回部告成太学碑记》，碑文用满汉文字铭刻。原碑立于北京文庙内，后临安府知府拓临镌刻于此，极为罕见。

建水文庙作为保存最为完好、规模位居全国第二的文庙，将中国文庙的规制体现得淋漓尽致。中国古代建筑，在布局和规格方面都有严格的规定，依礼而建，体现出儒家文化中对礼制的尊崇。《建水州志》评价道，在边陲之地，一

① 云南省政协文史委员会编：《云南文史资料选辑》第57辑，云南人民出版社2001年版，第352页。

座建水文庙，在建筑层面，把宋代以来建筑主要发展趋势和规范制式完整地展示出来，包括组群沿着轴线排列成若干院落，加深了纵深发展的程度；在主要建筑四周以较为低矮的建筑，拥簇中央高耸的殿阁，成为一个整体；与纵深布局相结合，在主要殿堂的左右往往以挟屋与朵殿烘托中央主体建筑的重要性；组群中每一座建筑物的位置、大小、高低与平座、腰檐、屋顶等所组合的轮廓以及各部分的相互关系都经过精心处理，善于利用地形，饶有园林风趣。[①]建水文庙的规制，虽是多种因素作用下发展起来的复合体，是程式化、制度化的礼制，但它在原有的基础之上，吸收南方建筑的一些特点，恰当地运用传统的庭院组合和环境烘托手法，使其在建筑组合上独树一帜，成为一座具有浓厚地域特色的庙学殿堂。同时，文庙的建筑艺术也十分精妙，从整个形体到各部分构件，充分利用了木架构的组合和各构件的形状及材料本身质感等进行艺术加工。总之，建水文庙的建筑规制达到了布局、功能、结构和艺术的多重统一。

---

① 赵新良编：《中华名祠 先祖崇拜的文化解读》，辽宁人民出版社2013年版，第121页。

文脉长续书春秋：建水文庙的文化传承

科举遗存：提督学政考棚

历史见证：建水文庙碑刻

别有洞天：建水文庙记文

智趣交融：建水文庙诗联

紧邻建水文庙的提督学政考棚是云南学政院试、岁试和科试的考场，是国内罕见的、保存完整的古代大型考场之一，是以建水文庙为中心的滇南地区文教兴盛的重要标志。建水文庙现存碑刻79块，是极具历史价值的珍贵文献，对于追溯地方历史文化，特别是研究儒家文化在西南边疆地区的传播、滇南古代文化教育发展史、西南边疆各民族互相交融的历史，具有十分重要的价值。在漫长的历史长河中，建水文庙作为滇南中华文化的传播圣地，历来受到文人墨客的青睐与推崇，他们创作了许多与建水文庙有关的记文、诗词及楹联，流传至今。这些文字书写了建水文庙的昔日辉煌与沧桑变迁，抒发了对其所承载的儒家文化的赞叹、敬仰之情，也成为建水文庙悠久厚重历史的见证。

科举遗存：
提督学政考棚

考棚是一个地区文教兴盛的重要标志之一，与文庙息息相关。建水提督学政考棚，亦称提督学院考棚，是云南学政院试、岁试和科试的考场，是国内罕见的、保存完整的古代大型考场之一，位于建水县临安路，创建于明洪武二十二年（1389年），旧址位于建水县城内东南隅。①清康熙三十二年（1693年）移至今址，光绪年间（1875年）重建，距今已有六百多年的历史。据清雍正《临安府志》记载："提督学院考棚，临安、元江、开化、普洱四府共一调。旧在府城兵备道署。康熙三十二年知州张鼎昌详准督学道将州署互易。"《新纂云南通志》载："督学考场在城内东南，即建水州旧署。清乾隆五十七年，知府张玉树重修。同治三年，移建于黉宫之右。"②学政考棚虽未在建水文庙内，但它也是建水文庙带动滇南地区文化教育发展繁荣的关键标志。学政考棚是科举制度时期提督云南学政滇南临安、元江、开化、普洱四府的科举考场，成为滇南的考试中心。学政考棚坐北朝南，宽40米，纵深150米，占地面积6000平方米。以甬道为中轴线，中

① 李兵、袁建辉：《岳麓忆院国学文库 清代科举图鉴》，岳麓书社2015年版，第180页。
② 刘景毛点校：《新纂云南通志3》，云南人民出版社2007年版，第536页。

建水提督学政考棚

轴线两侧为完全对称的两列考场，有六进院落及东西厢房共计60余间房屋。六进院落中，一进院落东边为鼓厅，西边为号门，有房舍供考生居住和圈马之用。一进与二进之间为龙门。二进院落两厢对称，各厢有房3间，为考官阅卷和随侍人员值班的场所。三进院落正中有座堂，设东西文场（即号棚或考场）各9间，为平房，设20余个考场，用木板隔成单人考试的号舍，内有数排用木板搭建供考试用的号桌，每个号舍长四尺宽一尺高八尺，十分窄小。①舍内在离地一尺多及两尺多的高度砌有两层砖托，以便安放活动木板，上层木板做桌子，下层木板做凳子，白天用来考试，晚上把上层木板拆下来拼成木板床，供考生睡觉。三进院落较为宽敞，为考生营造了一个环境清幽的考试环境。四进为至公堂，即考官办公用房。五进为戒慎堂，包括考官住房和厨房。六进为学政署。院落层层递进，给人以循阶奋进、青云直上之意境。建水提督学政考棚建筑规制严谨，雕镂精致，画栋丹楹，庭院

① 宾慧中、张婕:《云南建水》，中国旅游出版社2015年版，第34页。

宽敞，青石铺地，绿林成荫，环境清幽，古朴庄重，肃穆恬静，是云南唯一尚存的考棚类建筑。

学政是明清时期由朝廷派往各省负责全省教育事务的官员的通称。按照清朝定制，学政三年一任，在任三年期间，需要两次案临所辖地区各府，"主持院试，录取秀才；主持岁试，考核官学学生的学习情况；主持科试，选拔参加乡试的秀才"①。在五百年的时间里，临安府各直属州县及元江、开化、普洱等府的生员，寒窗苦读，赶着考期前到建水。他们跋山涉水，不顾路途艰辛，到考棚参加按期举行的府试、院试或科试，以实现获取功名的夙愿。每次考试一般为五场，每天一场。每场考试，生员黎明前入场，天黑之前必须交卷，生员随考官的点名顺序进入号舍，人员核对无误后，封闭考棚的大门、二门（龙门）及号棚，鸣炮三响开始考试，中途考生不得擅自离号，至交卷时才开门，试中敲锣鼓报时。因四府生员集中在一起考试，故采取逐场淘汰方式，每考一场出一次榜，挂在大门照壁之上。四府中举的学子们，由此走出西南边陲，步入中原，走上官宦仕途。当时临安四府的儒学生员，都需在建水学政考棚考试合格后，才能远赴省城参加乡试。②清光绪二十九年（1903年），建水学政考棚举行了最后一次科举考试，自此完成了延续五百多年神圣的历史使命，考试由新的教育体系接替。从建水提督学院考棚考出的人才众多，其中包括云南唯一一名状元袁嘉谷、明代仗义谏官刘洙、琉球使臣萧崇业、太仆少卿包见捷、清代敢谏御史傅为詝、泰山北斗陈世烈等。建水学政考棚成绩突出的原因在于明清经济快速发展，云南各地教育文化迅速进步，统治者为加强对边疆民族地区的统治，重视兴办教育，从而促使建水学政考棚及科举的发展。学政考棚与建水

---

① 李兵、刘海峰：《科举：不只是考试》，上海教育出版社2018年版，第193页。
② 上海嘉定博物馆、厦门大学考试研究中心编：《科举学论》2017第2辑，中西书局2017年版，第48页。

文庙相辅相成，为周边地区学子参加科举提供了便利条件，共同推动了建水教育文化的兴盛。1991年5月，全国政协派出古建筑和文物专家郑孝燮、孙轶青、罗哲文、丹彤来建水考察包括文庙在内的一系列文物古迹后，认为"保存如此完好的学政考棚，国内已属罕见"[①]。1993年，建水提督学政考棚被云南省人民政府公布为第四批重点文物保护单位；2019年10月，被国务院列为第八批全国重点文物保护单位，归入建筑类别保护[②]；2020年3月13日，被云南文化和旅游厅评定为国家4A级旅游景区。建水学政考棚的保护、利用与传承又上了一个新台阶。建水学政考棚是我国古代科举考试初级制度的历史见证，得到了政府和相关部门的重视和保护，也是研究科举考试制度的珍贵遗迹。

① 杨丰：《建水史话》，云南人民出版社2003年版，第121页。
② 国务院：《国务院关于核定并公布第八批全国重点文物保护单位的通知（国发〔2019〕22号）》，2019年10月16日。

历史见证：
建水文庙碑刻

建水文庙现存碑刻79块，是极具历史价值的珍贵文献，对于追溯地方历史文化，特别是研究儒家文化在西南边疆地区的传播、滇南古代文化教育发展史、西南边疆各民族互相交融的历史，具有十分重要的作用。由于时间久远，历经风雨侵蚀，许多碑刻字迹已模糊不清，难以辨认，实为可惜。

这些刻在碑石上记录的史实和评价，是昔时历史的真实写照，是见证建水历史文化名城诞生必不可缺的奠基石。建水，地处滇南边陲，历史上被视为蛮荒之地，自南诏筑惠历城以来，已有近一千二百年的历史。然而其间的前五百余年，史书上几近空白，难以找到文字记载，直到七百余年前的元至元二十二年（1285年）张立道创立庙学以来，滇南的地方史料才逐渐见诸文字。①可见，社会的文明进程与教育的发展密不可分，教育推动社会文明，而文庙又是推动国家及地方经济、社会、教育、文化发展的重要载体。这些存世的碑刻里，对建水教育的赞颂之词，俯拾皆是。诸如明代王佐的《临安府儒学新修杏坛记》载："临安为滇南大郡，学

① 杨丰校注：《建水文庙历代碑文选注》，建水文庙管理处2004年版，第2页。

《重修圣庙大成殿告成记》

《御制训饬士子文》

宫焕然甲于他郡。人材彬彬辈出，与中州齿"。明代刘一全在《新建建水州学记》中称："滇中科第，惟临安称盛。历科登贤书者，临庠士居半……由兹风气日聚，人文蔚起，元魁接踵"；清代王永羲的《临安府科甲题名碑记》云："临阳科目之盛，尤冠于滇。一时师师济济，皆德行、文章、政事之流"；王永羲的《临安府儒学历科武乡会题名碑记》中称，临安"为滇文献地，人才甲于他郡。每科膺荐者相望，有'一榜半临阳'之称，得士之盛，前所未有"；清代陈肇奎的《重修学宫记》中称："滇虽处天末，建又滇之极边，然观风被化，不异中土。迩来科甲云起，秋榜每分全省之半"；清代的《重修临安府学宫碑》中称，临安"于滇为上郡，人文粹美，代产名贤，旧号为'滇南邹鲁'，大要谓建学得地使然"；清代曾昕的《州侯陈公重修学宫记》中称："此邦科甲素号最盛，然一州而礼闱者，接而踵；一榜而登乡举者，十有奇"；清代夏治源的《学宫建桂香阁引》中称："郡学前瞰泮池，远迎焕岭，气象爽垲，为全滇冠。以故人才蔚起，省试辄分半榜。地灵人杰，由来旧矣"；清代孙人龙的《大清康熙雍正乾隆三朝临安府科甲题名碑记》中称："临安为东迤上郡，诗书礼乐之风甲于全滇，每与宾兴，有一榜半临阳之称……其风气韶秀类江南，科甲繁盛与中州埒，盖人文一奥区也"；清代江浚源的《建水岁科试田碑记》中称："建治介在南服，人文称盛，不异于中州。论者谓光岳之灵，磅礴茂积，而魁奇材德之士，多挺生其间也。"①

滇南尊孔第一古石——《追封圣诏碑》

建水文庙现存一块刻于元至大元年的《追封圣诏碑》（亦称《大元统天继圣钦文英武大章碑》）。元至大元年（1308年），现位于先师庙后侧，为滇南现存最古老的碑刻，碑高2.4米，宽1.2米，砂石质地，剥蚀已很严重，右下部有大块的破损，有"滇南第一古石"之誉。碑上刻有元武宗皇帝追封孔子为"大成至圣文宣王"的诏书，碑文13行，每行3—18字不等，共154字。②碑头正上方刻有隶书"追封圣诏"四个大字，诏文下刻有小字一栏，为刻石题记及诸官员姓名，可惜多数字体已无法辨认。③碑文如下：

大元统天继圣钦文英武大章碑④

上天眷命，皇帝圣旨：盖闻先孔子而圣者，非孔子无以明；后孔子而圣者，非孔子无以法。所谓祖述尧舜，宪章文武，仪范百王，师表万世者也。朕纂承丕绪，敬仰休风，循治古之良规，举追封之盛典，加号"大成至圣文宣王"，遣使阙里，祀以太牢。於戏！父子之亲，君臣之义，永惟圣教之尊。天地之大，日月之明，奚罄名言之妙。尚资神化，祚我皇元。

（雍正《建水州志》卷10）

① 杨丰校注：《建水文庙历代碑文选注》，建水文庙管理处2004年版，第5、29、59、63、71、72、75、102、103、135页。
② 国家文物局主编：《中国文物地图集·云南分册》，云南科学技术出版社2001年版，第361页。
③ 杨丰编撰：《建水文庙研究资料汇编》，建水县文庙管理处2002年版，第68页。
④ 杨丰校注：《建水文庙历代碑文选注》，建水文庙管理处2004年版，第5、29、59、63、71、72、75、102、103、135页。

碑文标题中的"统天",指统治天下;"继圣",是承继尧、舜、禹、文、武、周公等先圣之意;"钦文",为敬重礼乐制度;"英武",英俊威武。"统天继圣钦文英武",皆皇帝自谓至尊至圣的套语;"大章",本为古乐典名,即尧乐,此处作大法解,指帝王颁布的重要法令。《追封圣诏碑》是元武宗皇帝对孔子的赞美尊崇之词。孔子效法尧舜,以周文王、周武王为师,总结他们的贤明之处并加以言说传播,并且身体力行,成为后世帝王的表率,千秋万代学习的榜样。

此碑诏文与《元史》记载的内容大致相符,是研究元代统治者崇礼中国传统文化的重要物证,充满了对孔子学说的崇敬膜拜之感。元武宗封孔子为"大成至圣文宣王",这是中国历代帝王加封孔子的最高尊号。《追封圣诏碑》立于建水文庙建成二十多年之后,孔子的地位因此得到了极大提高,影响力增强,建水文庙进一步得到地方主政者的重视,最终发展成为滇南地区最大的儒家文教中心。

维护国家统一的宣言书——《平定青海告成太学碑记》与《御制平定回部告成太学碑记》

《平定青海告成太学碑记》颁布于清雍正二年(1724年)五月十七日,位于建水文庙东碑亭。碑高2.7米,宽0.9米,立石于雍正三年(1725年),由建水知州夏治源临摹。碑文如下:

> 我国家受天眷命,扶临八极,日月所照,罔不臣顺, 遐迩乂安,兆人蒙福。乃有罗卜藏丹津者,其先世

固始汗，自国初稽首归命。当时使臣谏议，畀以驻牧之地。其居杂番羌，密近甘凉。我皇考圣祖仁皇帝，睿虑深远，每勤于怀，既亲御六师，平定朔漠，威灵所加，青海部落扎什巴图儿等，震詟承命。圣祖仁皇帝因沛殊恩，封为亲王。兄弟八人，咸赐爵禄，羁縻包容，示以宽大。而狼心枭性不可以德义化，三十年来包藏异志。朕绍登宝位，优之锡赉，荣其封号，尚冀革心，辑宁部众。而罗卜藏丹津昏谬狂悖，同党吹拉、克诺、木齐、阿尔布坦、温布藏巴扎布等，实为元恶，置国家方弘浩荡之恩，不设严密之备，诞敢首造逆谋，迫协番羌，侵犯边城，反状彰露，用不可释于天诛。遂命川陕总督、太保公年羹尧为扶远大将军，声罪致讨。以雍正元年十月，师始出塞，自冬涉春，屡破其众。凡同叛之部落，戈铤所指，应时摧败。招降数十万众，又降其贝勒、贝子公、台吉等二十余人。朕犹悯其蠢愚，若悔过思愆，束手来归，尚可全宥。而怙恶不悛，负险抗违，乃决剪灭之计。以方略密付大将军羹尧，调度军谋，简稽将士，用四川提督岳钟琪为奋威将军，于仲春初旬祃牙徂征，分道深入，捣其窟穴。电扫风驱，搜剔严阻，贼徒苍黄靡溃，穷蹙失据。罗卜藏丹津之母，及逆谋渠魁，悉就俘执擒，获贼众累万，牲畜军械不可数计。贼首逃遁，我师厜险穷追，获其辎重、人口殆尽。罗卜藏丹津子向易服，窜匿荒山，残喘待毙。自二月八日至二十有二日，仅旬有五日，军士无久役之劳，内地无转输之费，克奏肤功，永清西徼。三月之朔，奏凯旋旅，饶鼓喧轰，士众欣喜。四月十有二日，以倡逆之吹拉、克诺、木齐等三人献俘。庙社受俘之日，臣民称庆，伏念圣祖仁皇帝威灵震于遐方，福庆流于奕叶，用克张皇六师，殄灭狂贼。行间将士亦由感激湛恩厚泽，为朕踊跃用命。

斯役也，艾夷匈悖，绥靖番羌，俾烽燧永息，中外人民胥享安阜。实成先志以懋有丕绩。廷臣上言，稽古典礼，出征而受成于学，所以定兵谋也；献馘而释奠于学，所以告凯捷也，宜刊诸珉石，揭于太学，用昭示于无极。遂为之铭曰：

天有雷霆，圣作弧矢。辅仁而行，威远乎迩。

维此青海，种类实繁。锡之茅土，列在藩垣。

被我庞光，位崇禄富。负其阻遐，祸心潜构。

恭惟圣祖，虑远智周。眷念荒服，绥抚怀柔。

朔野既清，西陲攸震。爵号洊加，示之恩信。

如何凶狡，造谋逆天。鼓动昏憨，寇侵于边。

惟彼有罪，自干天罚。桓桓虎貔，爰张九伐。

王师即路，冬雪初零。日耀组练，雷响鼙钲。

蠢兹不顺，敢逆戎旅。奋呼螳背，以当齐斧。

止如山岳，疾如风雨。我战则克，贼垒其空。

彼昏终迷，曾不悔戾。当剪而灭，斯焉决计。

厉兵简将，往捣其巢。崄历嵚岖，坦若坰郊。

贼弃其家，我絷而获。牛马谷量，器仗山积。

褰兔失窟，何所逋逃。枯鱼游釜，假息煎熬。

师以顺动，神明所福。旬日凯归，不疾而速。

殪彼逆谋，悬首藁街。献俘成礼，金鼓调谐。

西域所瞻，此惟雄特。天讨既申，群酋慑息。

橐戈偃革，告成辟雍。声教遐暨，万国来同。

惟我圣祖，亲平大漠。巍功焕文，迈桓轶酌。

流光悠久，视此铭辞。继志述事，念兹在兹。

雍正三年五月十七日

护云南临安府印务建水州知州臣夏治源敬摹[①]

碑文记述了雍正年间清政府平定青海贵族叛乱的重大历史事件，具有重要的史实价值，同时展现了统治者维护国家统一的坚定态度和意志。

《御制平定回部告成太学碑记》在建水文庙西碑亭。原碑立于北京文庙，后由临安知府双鼎拓临镌刻于此。此碑用汉满双文书刻，一块为汉文，一块为满文，两块石碑并列镶嵌在一块碑座上，上扣以一块完整的碑顶，用石榫头牢固地联结成一体，在全国亦属少见。碑文记述清乾隆年间平定新疆准噶尔部贵族叛乱、维护祖国统一的史实，体现出统治者维护国家统一的坚定意志。碑文如下：

建非常之功者，以举非常之事。举非常之事者，以藉非常之人。然亦有不藉非常之人而举非常之事，终建非常之功者，则赖昊苍笃贶，神运斡旋。事若祸而形移福，机似逆而转顺。顺天者昌，逆天者亡。故犁准夷之庭，扫回部之穴。五年之间，两勋并集。始迟疑犹未敢信，终劼劝以底有成。荷天之龙在兹，畏天之鉴益在兹。爰叙其事如左：

达瓦齐之就俘也，伊犁已大定矣。无何而阿睦尔撒纳叛，彼其志本欲藉我力以成己事。时也人心未定，佐饔者尝。一蜮肆狂，万狙应响，蜂屯蚁集，不可爬梳。畏难者群，谓：不出所料，准夷终不可取。并有欲弃巴里坤为退守谋。然予计其众志不齐，将有归正倒戈者。

于是督策将帅之臣，整师亟进。既而伊犁诸台吉、宰桑果悔过勤王，思讨逆贼以自赎。此天恩助顺者一也。二酋大小和卓木者，以回部望族久为准喀尔所拘于阿巴哈斯鄂拓者也。我师既定伊犁，乃释其囚，以兵送大和卓木波罗泥都归叶而奇木，俾统其归属。而令小和卓木霍集占居于伊犁，抚其在伊犁众回。乃小和卓木助阿逆攻勤王之台吉、宰桑等，阿逆赖以苟延。及我师再入，阿逆遂逃入哈萨克，而霍集占亦收其余众窜归旧穴。此天恩助顺者二也。准夷之事，前记略见梗概，兹不复记。记兴师讨回之由，则以我将军兆惠在伊犁时，曾遣副都统阿敏道往回议事，小和卓木乃以计诱阿敏道而拘之。及我师抵库车问罪，彼携阿敏道以来援，至中途害之，乃从行者百人。被犹逞其狂勃，抗我师颜，且敢冒死入库车城，乃雅尔哈善略无纪律，致彼出入自由，然我满洲索伦众兵士，无不念国家之恩，效疆场之力，故能以少胜众，逆渠惧而兔脱。此天恩助顺者三也。知偾辕之无济，抡干材之可任。时将军兆惠以搜剿准夷余党至布露特部落，已款服其众，因命旋师，定回部。于是克库车，存沙雅尔，定阿克苏，略乌什，收和阗。师之所至，降者望风，直至叶尔齐木城下。而我军人马周行万有余里，亦犹强弩之末矣。二酋以其逸待之，力统数万人与我三千余人战。我师之过河者才四百余，犹能斩将搴旗，退而筑堡黑水，固守以待。此天恩助顺者四也。万里之外抱水救火，其何能济？乃予以去年六月降旨，派兵拨马，欲以更易久在行间者耳。故兵马率早在途，一趱进而各争先恐后，人人有敌忾之愤。此天恩助顺者五也。副将军富德及参赞赫德辈率师进援，以速行戈壁中，马力复疲，值狂回据险坐俟，颇有难进之势。夫援军不能进，则固守以待者危矣。而参赞阿里衮驱后队之马适至，夜捣敌营。我师内外夹攻，彼不知我军凡有几万。握炭流汤之徒自相蹂躏，顾命不暇。于是，解黑水之围。鹿骇獐惊，遁而保窟。我之两军合队全旅以回阿克苏。此天恩助顺者六也。既而彼料我必再入，泰山之压难当，乃于我军未进之先，携其部落，载其重器跳而远去。而叶尔奇木、哈什哈尔二城之旧伯克等，遂献城以降。参赞明瑞邀之于霍斯库鲁克，副将军富德再陷之于阿尔楚尔。于是离心者面内，前涂者反斾，二酋惟挈其妻孥及旧仆近三百人，入拔达克山境。此天恩助顺者七也。人迹不通之境，语言不同之国，既已雀驱，宁不狼顾，其授我与否固未可定也。然一闻将军之檄，莫不援旗请奋，整旅前遮，遂得凶渠函首，露布遥传。此天恩助顺者八也。夷考西师之役，非予夙愿之图，何则实以国家幅员不为不广，属国不为不多，惟仅守成之志，无希开创之名，兼以承平日久，人习于逸，既无非常之人，安能举非常之事而建非常之功哉。然而辗转辐凑，每以难而获易，视若失而反得，故自缔始以逮定功，虽予自问，亦将有所不解其故，而不敢期其必然者。故曰：非人力也，天也。夫天如是显佑国家者，以祖宗之敬天爱民，蒙眷顾者深也。则我后世子孙期何以心上苍之心，忐列祖之忐，勉继绳丁有永，保丕基于无穷乎。系以铭曰：

二酋背德，始乱为贼，是兴王师，报怨以直。

伊犁既平，蕞尔奚屑，徐议耕辟，徐议戍设。

以噢以咻，伊余本怀，岂其弗戢，图彼蔩回。

彼回不量，怒臂当车，戕我王臣，助彼狂狙。

始攻库车，偾辕败事，用人弗当，至今为愧。

悖逆罪重，我武宜扬，易将整师，直压彼疆。

阿苏乌什，玉龙和阗，传檄以定，肉袒羊牵。

二酋孽深，知不可活，狼狈相顾，固守其穴。

桓桓我师，周行万里，马不进焉，强弩末矣。

以四百人，战万余虏，退犹转守，黑水筑堡。

闻信速督，为之伤悼，所幸后军，早行在道。

督勒速援，人同怒心，曾不两月，贼境逼临。

贼境逼临，彼复徼隙，马继以进，贼营夜斫。

出其不意，贼乃大惊，谓自天降，孰敢锋撄。

大鞞大膊，如虎搏兔，案角陇种，谁敢回顾。

黑水围解，合军暂旋，整旅三路，期并进焉。

贼侦军威，信不可支，挈其妻孥，遁投所依。

所依亦回，岂不自谋，岂伊庇猿，而受林忧。

利厥辎重，无遗尽掠，遣其都丸，遂来献馘。

讵惟献馘，并以称臣，捧赍表章，将诣都门。

奏凯班师，前歌后舞，尸逐染锷，温禺衅鼓。

路布至都，正逮初阳，慈宁称庆，亚岁迎祥。

郊庙告成，诸典并举，皇皇太学，丰碑再树。

丰碑再树，敢予喜功，用不得已，天眷屡蒙。

始之以武，终之以文，戡乱惟义，扶众为仁。

布惠施恩，环宇其喜，古人羁縻，今为臣子。

疆辟二万，兵出五年，据实书事，永矢乾乾。

乾隆二十四年岁次己卯十二月之吉御笔①

① 杨丰校注：《建水文庙历代碑文
选注》，建水文庙管理处2004年
版，第123—126页。

据曲陀关所立《都元帅府修文庙碑记》载："此古今建孔子之庙悉用王者礼乐，非祀社稷之可比，报其德之与天地同其大也……云南去京师万里，诸彝杂处，叛服不常，必威之以兵，则久安而长治。"①碑文为元至正二十二年（1362年）云南诸路行中书省郎中李泰撰。从碑文可以看出古代滇南地区也面临着维护国家统一完整的严峻形势。《御制平定回部告成太学碑记》无疑具有重要的象征意义，对滇南地区欲图叛乱的势力无疑是巨大的警示与严正警告，表明国家在维护统一问题上的坚定决心和态度。

杏坛礼赞——《孔圣弦诵图碑》石刻

《孔圣弦诵图碑》

此碑造于明天顺六年（1462年），高1.5米，宽0.8米，距今五百多年。据学者考证，此碑为时任临安知府吉水王佐所立。②在建水文庙的东碑廊存有一块王佐亲自撰文的《临安府儒学新修杏坛记碑》，记录了他创作此图的过程。碑原立于杏坛，万历年间，建水大地震，文庙建筑包括杏坛在内全部坍塌。后碑刻移至先师庙，此后几经转

① 民国《新纂云南通志》卷94。
② 朱思宇：《建水孔圣弦诵遗像赞碑何人所作？》，载《云南日报》2019年10月6日。

移，最终安放于大殿檐下左侧，后重修时又放回杏坛原址。

《孔圣弦诵图碑》为青石浮雕，碑文图文并茂。图上孔子席地而坐，浓髯垂胸，已显老态龙钟，但精神矍铄，显出毕其一生诲人不倦的至教精神。[1]孔子双手抚琴，似唱似吟，神情专注。左右各分列两位弟子，拱手侍立，皆宽袍长袖，头缠葛巾，肃立恭听。弟子中有白面书生，也有长髯老者，既反映出孔子有教无类，不分年龄均可受教，也体现出活到老学到老的学而不厌的尊师重道情怀。碑文的内容是宋高宗赵构御题《孔子像赞》辞。

大哉宣圣

斯文在兹

帝王之式

古今之师

志则春秋

道由忠恕

贤于尧舜

日月其誉

维时载雍

戢此武功

肃昭盛仪

海宇聿崇

碑文共四十八字，字体为楷书，结构严谨，苍劲有力。前四十个字是宋高宗对孔子的歌功颂德，后八个字是要求臣民尊重孔子。这段文字大致意思是赞颂孔子如尧舜一样贤达圣明，堪称古今帝王百姓的楷模，推行其忠恕之道，就能天

① 云南日报理论部编：《云南文史博览》，云南人民出版社2003年版，第264页。

下和谐，藏兵息武，因此赵构下令全国上下要隆重祭祀他，发扬和继承孔子的圣道。

《孔圣弦诵图碑》石刻上的孔子浮雕像额头突出饱满，象征着孔子渊博的学识。人们认为摸了他的额头就能沾到圣人的灵气，所以在石刻竖立后的漫长岁月里，文人学士临科考前都要来此瞻仰触摸。如今，人们来到文庙祈福，都要特地摸一下孔子的额头。孔子圣像的神圣性、庄严性在建水文庙中被消解，人们通过触摸的方式，将孔子权威化作民众信仰，进行重构表达。

《临安府儒学重修庙学碑记》

此碑立于明景泰五年（1454年），由云南承宣布政使司左参议曾鼎撰文。碑文记录了重建建水文庙的起因，资金筹措及修葺的过程，展现出古代临安府对孔子之道以及通过庙学进行文治教化的重视。碑文内容如下：

> 孔子之道，上承伏羲、神农、黄帝、尧、舜、禹、汤、文、武、周公之绪，六经之教，所以继往圣开来学，为天地立心，为生民立命，故其道与天地相为悠久。自昔有天下国家者，皆师尊之。凡国都以至郡县，莫不建学，以崇其教。学必有庙，所以严释奠之典，无非重其道也。
>
> 圣朝有天下，于建学立庙之意，视前代有加。虽穷乡下邑，莫不有学有庙，礼乐之备比隆三代。
>
> 临安在滇南，为极边郡，学校之设自洪武平定之初。岁久圮坏，弗称国家所以化民成俗之意。正统八年

春，知府徐公慨然欲撤而新之。顾力有未及，遂谋于郡僚卫帅，相与捐俸，购材鸠工重修。工未备，适云南按察司宪副姜公巡历至郡，亦皆捐俸益之。明年，明伦堂、四斋、大成殿又两庑、戟门、棂星门、杏坛、泮池皆以次而缮葺之，规模焕然聿新。于是请为记，刻石以示方来。于戏！圣人之道在天下，不可一日而违。君臣、父子、夫妇、长幼、朋友之伦，人所共由，不以文武而有异。故虽在卫帅，尤知所重焉。矧为士子，朝廷之所作养，而期其有以致用于时者乎。为师者，以斯道为教；为弟子者，以斯道为学。则不负朝廷建学之意，而圣人之道岂有不明也哉！[1]

《重修文庙碑记》

《重修文庙碑记》原载于清雍正年间编纂的《建水州志》。碑文由明崇祯十六年（1643年）任云南临安知府的丁序琨撰写，记述了建水文庙重修的经过。碑文先是说明中国古代的兴学传统，接着叙述重修文庙的原因——因战乱文庙成为避难场所，建筑有所损毁，继而写明临安的有识之士共同出资出力修葺文庙的过程。[2]碑文如下：

学之兴废，世之隆污系之。古者，家有塾，党有庠，术有序。诸侯之国自二十五家以上则有学，天子入太学则齿当为师者弗臣。诚以化民成俗必繇于学。故干戈羽、礼乐诗书，无非学之事；春夏秋冬，无非学之时。司乐司成教于国，仕焉而已者归教于间里，其养之也豫，其训之也备，是以藏焉、修焉、游焉、息焉，不

---

① 雍正《建水州志》卷15《艺文记》。

② 杨丰校注：《建水文庙历代碑文选注》，建水县文庙管理处2004年版，第159页。

见异物而迁焉，相观以善，相摩以化，而不知谁之为也。然其时至圣未起，《记》所谓"合乐祭其先师"者，盖各祭其所宗，若唐虞之夔伯，彝周之周公也。自孔子殁，后之学者莫不宗焉，而先师之名始。一庙而祀之者，自古迄今无远迩疆界一也，道德之盛，至矣！降及后世，异端蜂起，正学榛芜，于是琳宫梵宇，金碧辉煌，而至圣妥神之所，诸生讲习之地，或反阙焉。不修教术，裂而风俗衰矣！

临安，滇南望郡，弦诵比邹鲁。胜国时已有学，国初更置府治之西。二百年来，递加修葺，规制严整，足耸观瞻。崇祯初年，郡经兵燹，避难者栖止其间，稍见损阙。郡之诸缙绅先生聚而谋曰：古者建国，教学为先。兵戈既定，肄业是图，可使颓然无鼎日象乎？堂殿门庑，敝者饰之；师馆吏舍，缺者备之；坊亭楼垣，未有者创之。费不胥请，工不民劳，焕然其大成也。将竣事，适序琨承乏来守是邦，诸缙绅先生偕诸弟子员见，属以记。琨于是服诸先辈之能，淑人而又知人性之无不可以善也。近见士大夫，或剪公弱，丰屋蔀家，操其赢余，歌楼舞榭，以鸣得意；又或崇佛老之宫，以导愚昧。窃以为学圣人之道，何见之左右若此？而此乡先辈汲汲宫墙之黼黻，若其家事然，于以开示来兹，甚盛心也。古之所谓"乡三老"者，庶几在是？而修废之议一倡，士人圜起应之，出锱献勤，惟恐不及。岂其怵于势，诱于利，诚慕圣而趋学，心之向往不自已耳。则诸士入庙，俯八门伏阶而谒，思昔日洙泗环堵之宫，杏坛舞雩之下，曾无安居，何至今而万世为王，当必有爽然丧其徇俗之念，而勃然动其不朽之思者矣！繇此以往，言思可道，行思可法，毋诱于荣利，毋杂以偏曲，而学术正，学术正而治化无难。推之，正国、正天下，三代之隆可使在今日也。岂但侈山川之揖秀、夸栋宇之雄丽哉？其用材几何，役若干，历几岁时而成，董役助赀之功，别驾刘君之兰、司李熊君启宇、建守刘君僖为多，例书碑阴以答绅士之嘱。①

《临安府儒学新修杏坛记》

此碑立于明天顺六年（1462年），时任临安知府王佐撰文。碑文记载了临安府修建杏坛的缘由与过程，及对此事的赞颂，表现出临安府官员百姓兴儒学尊孔子的社会风尚。碑文如下：

天地之道，高明博厚，至诚无息。孔子，天下之大圣人也。其道即尧、舜、禹、汤、文、武、周公之道，其神化上下，与天地同流。故曰：夫子之不可及也，犹天之不可阶而升也。然其动静语默，无非至教。粤若游咏洙泗之间，坐于杏坛之上，弟子侍侧，圣人弦琴而歌，天下后世至今传诵之。仰止杏坛，犹可想见圣人浑然天地气象于千载之上也。

临安为滇南大郡，学官焕然，甲于他郡。数年来，人才彬彬辈出，与中州齿。独杏坛故址岁久益圮，未有能修复之者，盖有待也。岁辛巳春，适金宪平凉张公按临，浩然有创修意。既而绍兴罗公至，顾瞻其地，慨然即欲成功。时有尚义若柴庸者，闻而乐助之资。佐与指挥使万公暨诸僚寀，相与协心殚虑，捐俸赏襄。乃命

① 雍正《建水州志》卷15。

诸生董其事，不日鸠工，逾月坛成。佐间得圣人弦诵遗像，用劖于丽牲之石，以启后之人之瞻仰。他日临安士子有自学而登庸者，著声四方，则杏坛不为徒设矣！而于朝廷作养之恩，亦不负矣！幸其勉之。于是立碑以纪岁月，凡有功是役者，姓名具列诸碑阴。谨再拜而献颂曰：

于维圣人，聪明仁智。祖述宪章，先后一揆。于维圣道，大如天地。无时不然，无远不至。圣人之心，化育无二。坐于杏坛，群贤列侍。鼓瑟而歌，道德渐渍。金声玉振，垂教万世。皇明启运，列圣临御。道学日明，道统日著。维此临安，军民所止。夷风既殄，民知礼义。学有杏坛，未获修理。不有达人，孰克承志。有贤佥宪，临学顾视。俾弘其规，俾廓其址。佐也小生，惟道是企。谋及僚属，赞襄厥美。乃筑乃斫，栋梁聿举。傭工用材，民不知费。厥功告成，岁月斯纪。后有作者，是承是继。

大明天顺六年岁次壬午夏六月朔日甲子立石①

《临安府新修儒学泮池记》

碑文为临安府知府周瑛所作，记载了临安府新修建水文庙泮池的前因后果，表明临安重教兴学，尊重庙学礼制。碑文内容为：

夫学有宫，宫有泮池，即古诸侯之学，泮宫之水也。谓之泮宫，其以三方有水，形如半璧，半于辟雍，故云尔。诗人颂鲁侯有曰："思乐泮水"是已。则今之

① 杨丰校注：《建水文庙历代碑文选注》，建水文庙管理处2004年版，第4—6页。

学有泮池，斯其遗制也钦。

临安为边徼重地，昔称荒服外。人知操弄干戈，罕习礼义。肆我国家太祖高皇帝君临万邦，始入幅员内。洪武廿五载，昉置府建学，渐被王化，丕变士风，始与中州齿。非复筚路蓝缕比也。时而学制未备，克修之者，始焉通判许公莘，继焉知府赖公瑛、徐公文振、王公佐，终焉同知刘公文接踵而来，其制渐备。惜泮池犹未遑及。瑛来守是郡，因念夫有官无池，曷以节讲学、行礼、游观者乎？乃谋诸僚采，各衷俸余，售工技巧，于杏坛之前，取泮水之法而凿池焉。欲其经久也，则下甃以石；欲其观美也，则上乘以桥；欲其有本也，则引夫泉水；欲其薄采也。则植夫芹藻。于是冠带缙绅之士，鼓舞于圜观之，时学之制始备焉。经始于成化丁亥三月丙子，落成于明年戊子三月丁丑，不愆期也。游泮师生请余为记。呜呼！泮池，古制也。兴学守职也，余何言哉。第期彼此进修，毋忝所生为守者，睹是池之制，当求如鲁侯之贤，俾人颂之可也。为师者睹是池之芹，当体天地成物之心，造就人才可也；为弟子者睹是池之水，当思混混盈科之意，必抵成章可也。若然，则皇明教养之恩，庶少补云，岂徒节游观而已哉。佥曰："诺"。遂书为记。

　　　　成化四年岁舍戊子春三月既望立石[①]

① 杨丰校注：《建水文庙历代碑文选注》，建水文庙管理处2004年版，第6—7页。

至今，建水尚未发现记载宋朝儒学的碑记，《临安府新修儒学泮池记》碑文说明建水的王化之风经历了逐渐完善的过程，直到明成化四年（1468年）随着学制的完善而完善。通过完备的建制，儒学氛围更为浓厚。此碑明确记载建水的儒学建制在赖瑛、徐文振、王佐之时完善起来，其中王佐是江西吉安庐陵文化的传播者。明清时期，庐陵地区习经史、应科举之风浓厚，重视教育，王佐把这一文化从内地带到边地建水，建水儒学与内地儒学进一步融合。

《重修临安府儒学科甲题名碑记》

该碑立于嘉靖二十六年（1547年），由临安府掌管司法的推官杨翱撰写，主要叙述重修临安府儒学科举题名碑的经过，因原碑已损坏，重新立新碑记载考中科举者的姓名，以激励后人。碑文如下：

皇明御学百七十年，文教洽于远迩。云南在荒服外，人才辈出，伯仲中州。前督学、四明邵公按临安，目击其盛，乃命立石，备书科甲姓名，以风士类，盖欲相观砥砺，俾未书者恐遗若名，而已书者思光若石，以自侪于古豪杰之列也。正德间，碑偶圮，折激劝之典，遂致久虚。一日，临庠师生进白颠末，予曰：石之寿以世计，况上覆以亭，护避风雨，何至无故中折乃尔。岂物之成败有数耶？抑造物者有深意耶？因考此石立于天顺六年，诸贤姓名前此者固已登记，继此者尚未镌附，而方来者又不可量。原碑隘小，呵护者亦自知其不能容，仆卧湮没，以俟今日阔大而鼎新之，必有所以使之者也。

兵宪、章池余公，太守、溪东郑公，郡贰确斋周公，咸锐意建立未遂。余应师生之请，且欲成四公之志，义有所不敢辞者，是为记。

嘉靖二十六年岁次丁未仲春吉旦立[①]

《新修临安府学记》

该碑立于明万历三十六年（1608年），由"南滇文献一代名臣"包见捷撰书。碑文记录了建水文庙毁于大地震之后，地方官员带领百姓新修文庙及其临安府学的经过，体现出地方对文庙、府学及其儒学教育的重视。碑文内容如下：

临安学在府治西，山秀而水清。盖自我高皇帝锄类夷荒，首以庠序为务，因改创于兹，云二百余祀。圮者兴，阙者补，盖屡矣。万历丙午冬，金陵梁君来守是邦。郡地大震，坏公私廨舍无算。即于露寝旰食中拊循灾民。众志以定，因条奏修复学宫状。上于督学、华亭范公转闻，盖穆然有钟离甘棠之感焉。已，侍御、吉州周公按部临郡。祗谒先圣，愀然动容。谓风俗之道，士为政，而庙学隙敞，若此提衡，即有司存，乃使者奉玺书实纲纪之作人谓何？遂慨然以葺新为己任。而监司、泰和康公复相赞，决已，谋之大中丞温陵陈公，适与保厘右文之意叶，金发赎锾帑镪，合之得一千三百金有奇。乃下所司榷材，计程鸠工，揆日董之。以经历袁鸿渐、千户王继志而守梁君躬为督视，倅宣化许君理、句曲许君暨州守资阳冯君劝课之。于是庙、庑、次堂、

① 杨丰校注：《建水文庙历代碑文选注》，建水文庙管理处2004年版，第22页。

斋、次门、库、祠、阁、号舍、棹楔、射圃，以次更作。而敬一亭五楹，尤增所未有。

兵宪温陵龚公新其棹楔，曰“盛世人文”“熙朝道化”，而庙学落成。是役也，肇始于秋八月，迄冬十二月而竣。然易材如其市，饩工如其彩，大小乐从于农隙，经费无烦于公帑。斯亦事之难也。已，梁君以侍御公命，属予为记。予惟学之制详于虞、夏、殷、周，道尊于孔子，然要在教之德行道艺，以兴其贤者、能者。故曰：先王所以陶铸天下、津梁万物者，莫先于学。又曰：学者，植也。自世远道湮，经生学子竞斧藻，工鞶帨，唯功利是图，究使论世者以庠序为虚器，师弟子为虚名，甚激而有兔丝燕麦、南箕北斗之喻，豪杰之士，长太息焉。临安，故句町。遭际圣明，道化翔洽，人文蔚起，一时称为滇南邹鲁，斯亦芟荆棘以通逵，耀突奥以白日也。顷自地震告灾，以一郡国之学，致诸大夫蒿目而规画，殚心而拮据。于今栋宇有侁，丹雘遹新，礼器在陈，金丝可听。青衿之士，靡不忻忻色喜，以获游其学为幸。则岂一趋跄、一弦诵之为兢兢哉！无其不祓濯而旆策之以自新其学，释程、范两大儒之箴，以仰体皇祖敬一之心法，敦伦以范俗，宗经以证圣，一洗晚近之陋习。处为真儒，出为名士。于家为孝子，于国为忠臣。则所称读圣贤书而为贤者、能者，是孔氏之徒也。虽谓虞、夏、殷、周之心，至今存可也。斯无负今日兴学章轨之盛举哉。

陈公名用宾，周公名懋相，康公名梦相，范公名允临，龚公名云致，梁公名桂茂，许君名弘基，许君名尧咨，冯君名修吉。而乐观其盛者，则教授王谦，训导安行、刘建明也。

万历三十六年岁次戊申阳月吉日立石[①]

《新建建水州学记》

　　此碑立于明万历四十七年（1619年）春，云南按察司副使刘一全撰文。碑文详细记述了新建建水州学的过程，起初建水州未设专门的州学，建水州的学子都在临安府学就读，但生员名额有限。后来为了增加优秀学子的入学机会，万历四十三年（1615年），地方官员乡绅发起新建建水州学，知州赵士龙向学道（省级教育行政官员）报告具体情况，巡抚曹愈参、吴应琦经过评议，同意设立建水州学。文中特别详述了为建水州学修建大门的经过，颇为细致生动，为了解当时的教育设施建设提供了难得的史实。碑文内容如下：

　　建水州为临安附郭，向未设有专学，诸弟子员悉统于府庠焉。滇中科弟，惟临安称盛。历科登贤书者，临庠士居半。每试拆卷填榜，他郡或绝无，以为临安中数独多而裁之，有取中而遗者，以是州士子不无遗珠之叹焉。佥曰：额于学之故也。嘉、隆间曾有议建学，未竟中止。万历乙卯，乡士绅咸亟其举，时州守赵士龙数详学道张公，就中更加确画，始呈两台曹公、吴公，可其议，会疏具题，遂得俞旨。此千载奇遇也。卜地于圣殿之东，以启圣祠为主，而前建明伦堂三楹，东西两斋各五楹，仪门三楹，置学官舍于左，徙景贤祠于右。经营甫二期，而焕然具备矣。工竣，官士请余视学开讲，及登堂，见其规模宏大，地势高明，面对秀山，三台拱向，允

① 杨丰校注：《建水文庙历代碑文选注》，建水文庙管理处2004年版，第25—26页。

矣佳庠！讲毕，出问大门何在？诸生曰："仪门外即分守道公署，曾议于署西开路，守道未允，遂寝之。"余曰："学有礼门、义路，此无门路，士何从出身？此与制度非宜。"稍停，步视，见东隅有空地一直，旧为射圃，通达平正，可为门路，若然留为今日建学用也。

即檄行该州，动本道额编公费，委官易办材料，建大门三楹。适督学江公校士临阳，见新造学门，许其可。是岁戊午，发科者廖生大亨中第二名，为之兆矣。时定卜门基之日，偶大中丞王公恩民、金宪向公并至，指示东移三尺，更得吉窍。此又天时人事之凑合耳。由兹风气日聚，人文蔚起，元魁接踵，借府庠济美，人不得以一学独多为辞矣。余因是而有感于皇上重学右文，议解额则从，议增学则从，至于简命主考，惟滇则朝请夕下，其他省多因典试改期，而独滇则如期焉。仰见圣主明见万里，注念遐荒，更殷殷也。尔诸士由兹学发迹，策名天府，以登要路，当上无负于皇恩之作养，下无负于斯学之创是可也。是举也，捐资襄事者，郡守林君裕阳，二守周君良士，司李蒋君文麟，署州广西别驾傅君文燧，师宗州知州伍揆文，料理规画并与有功之经理终始，乃学正周嘉诰，生员张世芳、曹光祚，照磨陆绅，勤劳俱最。斯庠告成，且毫无他扰也。时司训周士奇偕诸士问记于余。余不文，爱书岁月以志。凡效力于学宫者，悉列名于碑之阴云。

时万历四十七年春三月吉

此碑越二世未立，今岁乙卯冬甲子，以州守傅君讳奇梅，学正鲁大儒，廪生高允恭、李悦义等始立，若有所待也，遂志其异。[①]

① 杨丰校注：《建水文庙历代碑文选注》，建水文庙管理处2004年版，第28—29页。

《郡博生洲周先生去思碑记》

此碑立于万历四十七年（1619年）夏，是建水州府学的学生为纪念建水州学学正周嘉诏而立的。建水州学始于周嘉诏任建水州学学正期间，后人因他离任，感念其对建水文教事业的贡献，立此碑表达建水当地儒生对他的敬仰与思慕之情，故称"去思碑"。

子舆氏云："仁言不如仁声之入人深也，善政不如善教之得人也。"以今观于生洲周先生，讵不信然？先生以明经高第，司训府庠。时多士瞻丰采，聆謦欬者咸曰："是真师我也。"俄而，摄元庠，逾岁建水辟州庠。两台以先生名，请俞转州正。未几，迁蜀马湖府司理。以行，于是多士倾心先生者，俨然造余曰："夫师所以迪德也，支离者率锐意于言铨，先生举直内方外，勿忘勿助之期，日与多士精探，而实体焉望的以趋，潜窥奥义，侍坐春风，仿佛乎洙泗之滨矣。"师所以广业也，向尝梯比字句，犹然故吾先生日临皋比，剖析疑质，随挥翰掞辞，为多士矩矱。是年，府庠得俊者六，州庠得俊者一。而薪楛悉在公门矣。长善者师，嫩行可录，既丞称许，又从明扬，将优异旌显，竞相濯袚，骎骎乎风斯移矣！远愿者师，一眚之罹，必鸣鼓以攻，或怙终不悛，则为揭报，褫鞶带，峻谴罚，彼溢检匦，胥嘿化矣。容众者师，旅进廷谒，靡问羔雉，至其寒畯，务为资笔楮，给粥，而立雪比比相属也。泮宫肇造，宏业权舆，先生综理惟愁，翚飞鸟革，交映府庠，且当年即获应贡经费，具有学田，百度犁然，质诸苏湖、芳范、白鹿，退视不少逊焉。夫从政者类，致详法令，持以笼络虏俦人，抑涂其耳目，藉以永终乎？有誉至于师、弟子，教学之相长，已俞道义之相维已尔，曾何法令耳目参其间，乃多士事先生业翕翕于群居，复眷眷于去后，神情企慕，不啻赤子之恋慈母，无亦善教之渐渍者深所为，造成者众也。遂书以纪之。先生名嘉诏[①]，字纶如，生洲其别号，曲靖府罗平州人。

万历四十七年夏五月吉[②]

《御制世祖章皇帝条教生员卧碑》

该碑于顺治九年（1652年）二月初九制成，颁行天下，并于康熙十二年（1673年）九月立于建水文庙。该碑文是顺治皇帝御题的针对文庙国子监生员的训令，生员必须严格遵守。

礼部题：奉钦依，刊立卧碑，示生员。

朝廷建立学校，选取生员，免其丁粮，厚以廪膳，设学院、学道、学官以教之，各衙门官以礼相待，全要养成贤才，以供朝廷之用。诸生皆当上报国恩，下立人品。所有条教，开列于后：

生员之家，父母贤智者，子当受教；父母愚鲁或有非为者，子既读书明理，当再三恳告，使父母不陷于危亡。

生员立志，当学为忠臣清官。书史所载忠清事迹，务须互相研究，凡利国利民之事，更宜留心。

生员居心忠厚正直，读书方有实用，出仕必作良吏。若心术邪刻，读书必无成就，为官必取祸患，行害

① 原文作"嘉诰"，据《建水州志》改为"嘉诏"。
② 杨丰校注：《建水文庙历代碑文选注》，建水文庙管理处2004年版，第30—31页。

人之事者，往往有杀其身，常宜思省。

生员不可干求官者，交结势要，希图进身。若果心善德全，上天知之，必加以福。

生员当爱身忍性，凡有司衙门不可轻入。如有切己之事，只许家人代告，不许干与他人词讼，他人亦不许牵连生员作证。

生员当尊敬先生。若讲说须诚心听受。如有未明，从容再问，勿妄行辩难。为师亦当尽心教训，勿致怠惰。

军民一切利病，不许生员上书陈言。如有一言建白，以违制论，黜革治罪。

生员不许纠党，多人立盟结社，把持官府，武断乡曲。所作文字，不许妄行刊刻。违者听提调官治罪。

顺治九年二月初九日康熙十二年九月望日立[①]

这块卧碑把学生与家庭的关系放在首位，不仅父母有教育学生的责任，学生也有对父母实行劝告的义务；要求学生树立学习成为"忠臣清官"的目标；学生要做到忠厚正直，不与权势结交，不能立盟结社等，否则要治罪。值得一提的是，要生员"尊敬先生""诚心听受"，不能"妄行辩难"；同时对教师提出"为师亦当尽心教训，勿致怠惰"的要求。

① 杨丰校注：《建水文庙历代碑文选注》，建水文庙管理处2004年版，第34—35页。

别有洞天：
建水文庙记文

《重修庙学记略》

《重修庙学记略》由明代云南督学邵玉撰书。邵玉，字德温，鄞县人。宣德年间，作为举人授予汝州学正，后迁任南宁、河间府教授，"天顺五年十一月庚申……升……教授邵玉云南佥事，俱提调学校"[1]，擢升为云南按察佥事，提督学政，主管学校教育等事务。邵玉"以足疾归。性至孝，持躬清约。门人李东阳表其墓"[2]。文章如下：

临安为滇上闻，在胜国时尝始建学，际我皇明列圣代作，统御寰宇，六诏荒服之外，覃被声教之盛，诚斯文千载一时之遇也。前仕兹郡者，不汲汲簿书，催利以赴期会，必孳孳贪墨，侵渔以营已赀，而于兴学育材务所当急者，漫不加署，可胜惜哉。同知府事云中刘君文，由名进士入翰林，历粉署，荐陟银台，左迁斯任，式睹大成殿庑像设久而欲倾，故而将毁，不足以妥神

① 《英宗实录·卷三百三十四》。
② 单锦珩总主编：《浙江古今人物大辞典》上，江西人民出版社1998年版，第264页。

灵，耸瞻视，乃精厥思虑，倡率僚佐各捐己俸，计别区昼，储材以萃工，日省月试，不三时而秩然就绪，殿堂门庑，圣贤肖像，刻雕藻绘，金碧辉煌，所费不啻于百金，盖皆昔之所当为而不能为，可为而不能为者。刘君敢为而乐为之，其所以盖昭皇明文教而有功圣门，岂浅浅哉。

该文记述了重修建水文庙大成殿的过程，经过重修后的建水文庙大成殿再次焕发出勃勃生机。

《建庠年谱序》

《建庠年谱序》为明崇祯年间贡生邹应扬所作。邹应扬，字季鹰，建水人，崇祯年间贡生。清初顺治四年（1647年）流寓石屏，数年复去。[①]府州志多出手裁，著有《焕泸逸叟诗集》，《建水州志》谓其著有《瑞岛吟》《俭德考》等。[②]该文出自陈肇奎等撰修、清康熙五十四年（1715年）刊行的《建水州志》，记述了明代末期建立建水州学的经过，及对当地文教的促进，体现出地方政府对教育及人才培养的重视。全文如下：

今天子崇儒重道，文教覃敷，适督学使者首按滇，迤东之町郡屈指十城，建水又首得士云。越明年，建庠士欲次第其齿，丐仆言以为弁。仆按会甲乡科岁荐，皆有齿录，所以昭世系，别长幼，敦礼让也。登斯榜首，芹藻一片，地实异日，万里风云之会，何妨取法乎上？汇成名帖以为科贡甲稿本，其所为序，当知抽毫鏖战，不肯下人，一时日之事也：堕地来孰先孰后，大命之

① 民国《新纂云南通志》卷75。
② 雍正《建水州志》卷8。

矣！收拾骄心傲气，共适雍容礼乐之雅，百年之事也。士岂以一日而加百年，则此礼诚不可少。

然犹有进焉者，乡岁兼两迤而序于省，甲第尽天下而序于京。此之为序，非循名也，非汛交也，非苟合而乱萃也。立德、立言、立功，任彼为之。惟是居同里，生同时，数晨夕而通殷勤。百千万里素不谋面者，一旦同堂，相款也愿。过则相规，有如管华之割席；善则相勉，有如萧曹之规守。遇有缓急，必谊切肝膈，勿轻视皮毛，直至贫贱生死交情不渝，宁作张仲，无负伯仁。且无昨是而今非，勿始勤而终怠，则品行自兹以重，文章由此而深，其关于风化岂浅鲜也哉？

仆尝从修郡乘，见嘉、隆间府庠一而已耳。是时州未建庠，尽府庠皆州士人也，一榜中名列贤书者十二，若此科名不知凡几，以故郡外有一榜半临阳之谣，郡内有十会九登科之颂。昔称府庠，今推州庠，诚能励志勿失，媲美明盛。俾乡之荐绅望而知其为吾党之士，以无负督学使者。得人之报，野老直拭目俟之。

《重修尊经阁序》

《重修尊经阁序》为清代诗文家姚文燮所作。姚文燮（1623—1692），安徽桐城人，字经三，号羹湖，晚号听翁，又号黄柏山樵。顺治十六年（1659年）进士，由福建建宁府（治所在今福建建瓯市）推官升任云南开化府（今云南文山）同知，后担任曲靖府阿迷州事。吴三桂发动叛乱，姚文燮不幸身陷叛军之中。后逃出，受到康熙皇帝召见，详细询问云南军事情况。云南叛军被平定后，姚文燮请求回家养老。史书评价其"性宽惠，善诗文，郡人仰其风采，言艺者靡不宗之"①。姚文燮著有《无异堂文集》《羹湖诗选》《咏园诗集》，编有地方志《雄乘》，另有《李贺诗注》。《重修尊经阁序》录自康熙《建水州志》，全文如下：

今天子崇尚文治，临辟雍，设更老，开经筵讲幄，修明传注，博稽典籍，孜孜焉顾问之不逮，是上之尊经术莫盛于今日矣！天下胶庠焕若一新，而守若令宜日与士敦说诗书礼乐，以明遵行之无后。且余闻之：上者下之倡也，名者实之表也。审若是则奉上与获令，名莫大乎此，莫先乎此矣！何余之间关万里过都历国所睹闻者，实寥寥焉？岂守令之所重在彼，不在此耶？内地且然，何有于既烬之荒服？

余于临安守姜若程君则大有异。临固滇文章经术之奥区也，逼处东偏，去天子远甚，即在盛时，轩亦罕及，非同于声誉易起之地。当天下大乱，滇惟临土酋狂逞最先，迄底定，临又苦窃发，再烦王师敉宁。独后郡以内悉劫灰，惟学宫处城北僻隅，得不毁。虽灵光岿然独存，而残阙特甚。顷，余之官道经临，暂息于学宫之旁，仰见宫墙殿庑、榱角俎豆，规模弘远，巍巍肃肃，知鼎而新之者，程君之功甚大也。博士揖余殿后登尊经阁，翚飞霞起，丹梯入云表，有皋比拥于上，有几数十列于左右，几上罗笔砚，而卧榻施房舍者数处，阁下有井、灶、厨，传有役、执事数人。不少懈，询之为姜若捐俸鸠工庀材，独力所急成者，为之收罗旧籍，日召九学博士弟子，讲习课艺于其中。亲为之丹黄甲乙，汇呈学使者，请评以为劝。诸弟子远在深箐，即数百里内无

① 民国《新纂云南通志》卷185。

不至期齐集，风雨不间。有留而执经问难者亦复济济，况城悉居甲帐，夕阳笳声，人行断绝。而向之儒士，望雉堞裹足不前者，今且操觚弄铅椠，坐百尺楼上，风晨月夕吟咏不辍，咸不知其所以然而然也。而姜若橐无余钱，廪无余粟，日为弟子辈谋饔飧供膏火，其乐不倦，亦不知其所以然而然者也。上未尝以此亟望于守，而守乃汲汲如是，且与余同寓滇久，朝夕谒大台，晤僚友，亦未尝斤斤言及，则其非以为名也，可知也。我知其性，已有大过人者。姜若为伊川夫子之后，故其居黄堂，无异于崇政殿说书之日，而处万里之残郡；亦无异于迁龙门、聚生徒之日也。夫诚得于天者，厚也。姜若本不以为名，而临千百年之冠盖弦歌诵德于不衰，以视今之逐逐于名者，何如耶？又奚论夫不好名者耶？

该文记叙了建水文庙尊经阁重修的背景及详细经过，统治者"崇尚文治""尊经术"，地方亦通过文庙尊经阁大力推行其道，其中描写建水文庙"宫墙殿庑、楱角俎豆，规模弘远，巍巍肃肃"，登上重修后的尊经阁"翚飞霞起，丹梯入云表"，蔚为壮观。学子在尊经阁孜孜不倦地求学之状"坐百尺楼上，风晨月夕吟咏不辍"，令人印象深刻。姚文燮是明末清初的史学家、文学家和画家，作为桐城派的代表人物，通过文学的形式让儒学在边地得以进一步推广与传播。史书记载姚文燮"乘隙遁，谒安亲王岳乐军中"，"姚文燮宦滇，值吴三桂叛乱，时以循良而兼忠义最为难得，阮、岑《志》记录未详，兹据《清史稿》等书增补"。[1]在云南为官期间恰逢吴三桂叛乱，姚文燮亲自前往安亲王岳乐军中报告叛军军情，协助平乱。姚文燮坚守儒家传统价值观，正直

---

[1] 民国《新纂云南通志》卷185。

忠义，在云南为官期间推动了儒学与边地治理的互动，一定程度上促进了边地文教的进步。

《重修文星阁记》

《重修文星阁记》为清代李滮所作。李滮，福建兴化府（今福建莆田市）人，贡生，康熙年间曾任建水州知州，主持两次重修《建水州志》（在此之前，明代的张绎、包见捷先后编修过《建水州志》，但现均已不存）。[①]该文选自康熙《建水州志》卷十八，全文如下：

> 学官有泮，鲁僖以前无闻。先儒以为象泗水者，近是。惟临建之泮，秀甲于滇，汪汇里许，焕影卧波，历冬春不竭。昔当道环以桃柳，亭榭其中，曰"钓鳌亭"，曰"文星阁"。登眺于斯，游艺于斯，壮丽为一时最。且两序蜚声辈蝉联接武。佥谓：微学之力不至此，微泮之力不至此。何劫火西米，举所为亭与阁者，回禄竟收之，阅今廿五载矣！滮莅建土，每周览之余，慨然想见风来水清，然力实不能振之也。
>
> 方今，上临雍御讲，凡兴文之务，咸与维新。我太尊程公甫下车，敦名教，重经济，以齐鲁待临建之士。如学官、尊经阁、明伦堂、观水亭，各以次修举。其文星阁，滮何敢多让。爰就圮址度材鸠工，匝月而告成。宫亭据胜，柏柳连荫，空蒙潋滟，间复有此翘然拱秀，翼然霞举者，何减镜湖爽气耶？拟冠诸滇，信其不谬。
>
> 夫以盛世，崇儒重道。既如此，而在上实意作人。
>
> 又如此，即奔走劳吏，皆敬裹厥事，无不如此，则

①《中国新编地方志总目提要》编纂委员会编：《中国新编地方志总目提要》1，方志出版社2006年版，第1130页。

临建之士，蝌蚪出词源，蛟龙腾学海。求继美于前者意，其在斯乎？其在斯乎？至于奎宿、文曲、离方、天马之喻，阁仍其名，庸何赘要之。学如临，泮如临，尤不可少此一阁耳。因率尔为记。

该文描述了重修文星阁的始末，体现出作者对建水庙学培养人才的期待及崇儒重道的思想。

《重修仓圣祠记》

《重修仓圣祠记》为清代廖敦行所作。廖敦行，字韵楼，建水人，嘉庆十三年（1808年）进士，由庶常改主事，擢御史。道光六年（1826年），疏言滇省盐务分地行销，不若广觅子井为酌盈剂虚之计，于国课民生均有裨益，下督抚议行。后晋升给事中，出授湖北盐法道，莅任时，盐商送规费数万金，不受。革陋规，除积习，盐政为之一清。致仕归乡后，主讲五华书院，训导诸生，文风大变。①廖敦行是一位正直清廉的官员，勇于改革，还注重书院教育，促进了建水地区文风的转变。该文出自民国《续修建水县志》，全文如下：

圣人之道备于六经，六经之文传于书契。退稽上古庖羲氏，仰观俯察，画卦以前民用，而仓圣实为之臣，爰取诸夬以作书契，羲皇固开天明道之圣，而仓圣实与见知之统也。自书契既兴，而尧、舜、禹、汤、文、武、周公之道，藉之以垂为经典，孔子因而修之，以立人纪而教万世。国家崇儒重道，既祀孔子，亦必祀仓

① 民国《新纂云南通志》卷227。

圣，岂非以创始之功为不可没哉。然则建祠以妥神灵，固未可任其颓废而莫之省也。

吾临仓圣祠，旧在孔子庙东北隅，历年既久，榱桷崩落，丹雘不耀。乙未之春，董事吕君显文、曹君锡恩慨然有重修之志，就商于余。余窥其意之笃而力之果也，捐金以为之倡，而官员、绅衿、士庶，各量力捐赀，用襄厥成。遂鸠工庀材，即旧基拓而新之。阅三载而工竣，祠虽由旧，而规模加阔矣。此以见天下无久而不敝之事，而振而兴之，实在人也，所谓"有志者事竟成"矣！

今夫人之行事也，有所为而为之，为利；无所为而为之，为义。自圣学不明任事者，沾沾焉唯利之是图。高者惑于风水，卑者第祈福田。于是造浮屠、创寺观，竭智殚精不遗余力。而于朝廷崇德报功之地，所以培道脉而扶正气者，漠然不以介意。彼岂不知先圣之当崇哉？祸福眩于中而是非淆于外，故舍其本而务其末，遗其大而谋其细也。吾临凋敝日久，所当修葺者何限，然或限于势而不得为，或阻于时而不能为。择其分之所当为与力之所能为者而为之，于世未必无补，于人未必无济。吾尤愿董事者盖宏此志以去利而取义也。斯举也，在谈风水、祈福田者，或见利而忘义，岂知殿宇聿新祀事孔明，使庠序之士入祠瞻拜，穆然思先圣之明德而作其仰止景行之思。扶正学、振文风，将于是乎在。以视夫造浮屠、营寺观、求福于空虚无朕之表者，其功岂可同日而语哉？夫古圣觉世之功，与国家崇祀之典，人固有涉其庭而不知其义者矣。余故推而明之，且申夫义利之辨，后之从事者亦知所先后也。遂书以贻董事。俾勒诸琐珉焉。

该文记述了仓圣祠在儒家文化中的重要地位与建水文庙仓圣祠重修的过程，接着辨析了利与义的关系，最后阐明了坚守"去利而取义"的价值观。

廖敦行是嘉庆年间进士，谙熟儒家文化，深受其滋养。他为官期间，清正廉洁，积极革除盐政陋规积习。他的为官经历折射出其对儒家伦理价值的坚守和践行。廖敦行结束仕途回到建水后，于道光二十一年（1841年）担任五华书院山长，训育学生，研读经史，传授儒家学说，改变了当地文风，推动了滇南地区文教事业的繁盛。

《临安府城文庙小记》

《临安府城文庙小记》为清代贺宗章所作。贺宗章，湖南安化人，光绪年间任临安知府，在云南为官十余年，被历任督抚器重。著有《燕尾集》一卷、《便宜小效略存》二卷及《幻影谈》。文章对建水文庙使用的石料、大殿布局、景致进行了描绘，让人感受到建水文庙磅礴的气势、悠久的历史文化气息。全文如下：

> 临安石质亦有佳者，色灰白，中含黑影，多成梅树，竹枝，形坚润，细腻而有光。府城文庙，成于国初矿盛财赋丰盈之日，规模宏阔，工料精致，甲于各省。正殿屏门下，坊长四五丈，厚尺余，即此石，无丝毫裂痕，俨如磨光漆成，乍见不知其为石也。殿中一香案，长一丈，阔五尺，四象足，是此石球成。阶前两石柱，

雕空盘龙。屏门窗格，坚木雕镂之精，世所罕有，内有石刻孔子像，嵌于正殿左后壁上。殿中不染纤尘，闻有宝物。殿中悬纸蒇灯二，极大，亦百年物也。阶前有大红茶花，高齐檐，开时极绚烂。院中老桂、古柏，夭娇掩映，气象肃穆森严，每低回不能去。

《建水之孔庙》

《建水之文庙》为罗养儒所作。罗养儒（1885—1977），字兆熙，广西昭平县人，曾为云贵总督岑毓英幕僚，又为滇越铁路局法文翻译，创办《中华民报》《中华新报》《微言报》，并任主笔，宣传攘列强、救中国的思想。1939年后，专门为人治病并从事著述。罗养儒之父曾游宦于滇，罗养儒随至所在，足迹遍及云南省二十多个州县。罗自幼课读，酷爱经史，喜读诗词，年十二即能吟咏。更喜游名山大川，每逢名胜古迹、奇闻异事、少数民族风土人情与婚丧习惯，辄详录以备考查。后回昭乡试不第，遂无心仕途，又复回滇，专心研究诗词、史学、哲学、医学等，颇有成就。[1]其著作有《咸同滇乱记》《滇事萃言》《我所知录》《五胡十六国》《瘦香馆咏史》等，为云南现当代文化大家。《建水之孔庙》全文如下：

> 孔子祀典，清代隆重于明代；孔庙建置，清代亦增多于明代。自清代康熙后，凡属中华国之一州一县，无不建有巍峨崇宏之孔庙在其城中。殿楹相同，廊庑相若，其规模上间有不能归于一致者，则由地势使然，致形式上略有差别，然亦只在高下广狭耳，至于阶陛庭

① 政协广西昭平县教文卫体委员会编：《昭平文史》，政协广西昭平县委员会2003年版，第47页。

墀，又何尝有不如式者焉。云南昔有府、厅、州、县九十余，余足履其境者实多，凡圣庙无不往谒，以是，某郡某邑之庙貌若何，竟得寓于目而印于脑。此又常以耳代目，考询未经涉及之处，于焉有所比较。

滇中孔庙，固以在昆垣者为崇宏广大，然壮丽上犹逊于建水。建水，昔时之临安府城也。临安府城之孔庙，其崇宏壮丽实为全省之冠。今先以其泮池，圆周计七百余步，池心一亭，亭畔种莲，莲开白色，花大而子繁，亦佳种也。莲塘外租人种米，年可收租谷二十余石，其阔大景色，可以想见。

大成殿之形式与省之规模略同，惟地势较高，因而益显巍峨，其台墀、阶陛亦因之而崇隆。郡内又产佳石，色白质腻，复坚而滑，磨出光泽，可拟之以玉。建庙时，即以此种光润滑泽之石，雕螭陛，面龙墀，建回栏，砌崇阶，故举眼望去，实华贵已极。墀内有古铜瓶二，各高逾于人，似各重五六百斤，究不知为何时何代之物也，时间之于人，无非以古物两字答之。

殿为五楹，阈不用木而用石，石阈高尺余，宽近一尺，而五楹之阈计长六丈，石仅三节，每节直长至二丈，真巨制也。殿柱全是香桫（当作'杉'），各粗逾抱，亦属至可宝贵之材质，而中有双柱尤为特别，乃用极其完美之石，制成庭柱外套两袭，每袭为三段，逗笋（斗）接合成一，套于两根庭柱上，此则内为木质，外为石质也。按：外套厚约三寸，镂以透空云龙，云衮龙盘，工细万状，此而施以金彩，真华美绝伦。

神龛神位，尤较省垣之雕刻精奇，四配、十哲之神龛，尤色彩辉煌，焕人眼目。殿上香案，乃是一整石凿成，长逾丈而高三四尺，花纹雅致，愣角整齐，即此一物已能压赛全滇，而况一对使空石质柱套，真任何一孔庙中都不能有也。至云东西两庑，亦较省垣孔庙之两庑为高大宽宏，钟鼓二楼亦不让于省垣之崇峻。其形其色壮丽如此，故曰临安府城之孔庙可为全省之冠。

《建水之文庙》主要描写了建水文庙大成殿高超、精美的建筑艺术特色，并与昆明文庙进行了对比，认为建水文庙的宏大壮丽当为全省之冠，对建水文庙的赞叹之情溢于言表。罗养儒的足迹曾遍及云南省二十多个州县，熟知云南各地文庙的规模建制，因而在比对中更衬托出建水文庙的独特之处。昆明文庙是云南建成的第一座文庙，崇宏广大，历史悠久，首开云南实行儒家教化之先河。然在规模、建制和艺术特色方面仍稍逊于建水文庙，且近现代以来遭到不断毁坏。云南其他地方的文庙虽各有特色，但其规模、建制等均不及建水文庙。建水文庙的规模布局、建制、建筑雕刻艺术、泮池形制规模等均更胜一筹，并开启了滇南文化教育和儒家思想传播的历史进程。故而，建水文庙"金碧壮丽甲于全滇"①，仅次于山东曲阜孔庙，真乃实至名归。

<hr>

① 民国《新纂云南通志》卷132。

智趣交融：
建水文庙诗联

在漫长的历史长河中，建水文庙作为滇南的中华文化传播圣地，历来受到文人墨客的关注，他们写下了大量描绘建水文庙的诗歌及楹联，抒发了对建水文庙及其代表的儒家文化的赞叹、敬仰之情。

诗歌

桂香楼①

[明] 韩宜可

文昌宫里桂香楼，传是神君旧所游。

几树秾华依月窟，满天清馥遍瀛洲。

碧窗日暖栖丹凤，金榜云深护玉虬。

便欲焚香看桂籍，姓名今复为谁收？

黉宫秋蟾②

[明] 沐 昂

泮宫秋杪晚生凉，明月当空照八荒。

万里清光流素魄，一株老桂发天香。

---

① 雍正《建水州志》卷12。
② 方国瑜主编：《云南史料丛刊》第6卷，云南大学出版社2000年版，第48页。

研穷殊喜开黄卷，赏玩何妨倒玉觞。

勉尔书生勤学业，他年虎榜姓名扬。

黉宫①

[明] 陈 逊

长空漠漠彩云轻，夜坐芹宫月正明。

绕树鹊鸣无宿处，满庭士子有书声。

匡衡不用穿邻壁，车胤何须集草萤。

莫是天孙怜学苦，多分清魄乐群英。

景贤祠②

[明] 张 绎

郡斋犹记列诸生，小径书台南畔行。

旧屋改迁文庙路，新祠重揭寄贤名。

二公余韵叨闻久，十载闲官愧望轻。

偏觅遗文难尽得，空瞻塑像独含情。

和韵③

[明] 濮宗达

久怀经济在苍生，直道翻成戍远行。

韩愈潮阳遗谏草，东坡南海擅诗名。

人贫剩月经书富，道重能将利禄轻。

独泻椒浆祠下拜，黄鹂碧草不胜情。

和韵④

[明] 徐 瀚

底事青蝇玉上生，二公真不愧南行。

① 方国瑜主编：《云南史料丛刊》第6卷，云南大学出版社2000年版，第48页。
②[明] 陈文等纂修：景泰《云南图经志书》卷3。
③雍正《建水州志》卷12。
④雍正《建水州志》卷12。

山川有幸经题品，志义难通不著名。
去国可能忘寝食，趋朝原不恋肥轻。
新祠更勒名公记，唤起衣冠万古情。

和韵[1]

[明] 王 岳

自分公忠了此生，天成豪杰在南行。
已看枯竹含生意，还见金瓯覆姓名。
志薄宠荣穷困乐，道随用舍去留轻。
吾人远徼知文学，一亩祠堂未尽情。

临安春社行[2]

[明] 杨 慎

临安二月天气暄，满城靓妆春服妍。
花簇旗亭锦围巷，佛游人嬉车骈阗。
少年社火燃灯寺，圬材角妙纷纷至。
公孙舞剑骇张筵，宜僚弄丸惊楚市。
杨柳藏鸦白门晚，梅梁栖燕红楼远。
青山白日感羁游，翠罿清樽讵消遣。
宛落风光似梦中，古园兄弟复西东。
醉歌茗芓月中去，请君莫唱思悲翁。

前题[3]

[明] 何 雄

二老同为万里行，逖荒留得寄贤名。
人怀疏浚诗书泽，祠寓尊崇道义情。
隔院杏花春雨润，闲庭竹影午风清。

① 雍正《建水州志》卷12。
② 嘉庆《临安府志》卷19。
③ 雍正《建水州志》卷12。

俪然并坐儒林处，千载仪型我后生。

冬仲十五夜泛月泮池①

［明］廖大亨

静池澄素练，夜魄发寒光。

子月泉心动，葭存春意藏。

晚烟飞市细，淡影堕山苍。

印渚珠喞蚌，文星唇吐居。

空中楼上下，水面树低昂。

艭驾比鱼目，筝掷落雁行。

灯萤红趁月，觞鹤碧欺霜。

香雾沾衣湿，波星逐棹忙。

仙槎探宿海，赤壁醉江黄。

抱兔壶中转，骑鲸天上狂。

曲仍弹水调，声亦绕河梁。

欲访支机石，来维青雀舫。

子猷乘夜兴，元礼并仙航。

醉逐鱼龙舞，缆牵荇藻香。

宿飞乌鸟鹊，睡起锦鸳鸯。

阁拥青腰女，屏倚粉面郎。

天山晴雪晓，仙客羽衣凉。

沆瀣金盘露，昆仑白水浆。

剧谈星欲落，刻烛夜偏长。

潋滟人如玉，淋漓醉是乡。

① 雍正《建水州志》卷12。

临安怀古次吴克庵先生韵[①]

[清] 丁 炜

町旧国枕山开，纵目凭高客思哀。

瘴草碧侵群节墓，野花红暗抚蛮台。

五邦地控交冈险，三洞泉通泸水来。

边檄从前多谪宦，景贤祠下几徘徊。

学海观炬[②]

[清] 张 汉

焕文峰影泮池中，几点遥窥野炬红。

陆地已成星宿海，灵槎欲贯斗牛宫。

平生每爱寻幽僻，消息真如问卜翁。

待得明年今夕见，科名有数信先通。

郡学泮池[③]

[清] 许书屏

活泼源头一鉴泓，分来洙泗焕文明。

影垂远岫层层翠，纹绉澄波细细生。

晓日光腾芹藻润，春风嘘拂李桃荣。

漫云观海难为水，无数蛟龙奋太清。

焕山[④]

[清] 邹应扬

青青焕文山，尘净山光灿。

阴晴各殊容，听夕能互焕。

草木敷新荣，秀色浸几案。

上有五老峰，峰峰插天半。

---

① 嘉庆《临安府志》卷19。

② 杨丰编撰：《建水文庙研究资料汇编》，建水县文庙管理处2002年版，第121页。

③ 杨丰编撰：《建水文庙研究资料汇编》，建水县文庙管理处2002年版，第122页。

④ 雍正《建水州志》卷12。

郁葱气可餐，倒映曾入泮。

苍紫岿若屏，卓然自崖岸。

笔锋展山腰，形势不相乱。

云霞时往来，散作诸峰冠。

枕石吞翠微，松风答吹万。

犹忆明月中，子期或出玩。

读平定青海碑[①]

[清] 王立宪

尽扫豺狼窟，永清瀚海天。

军锋销积雪，露布卷荒烟。

观筑沙场远，弓韬鱼脑还。

受成临太学，不用勒燕然。

读书台怀古[②]

[清] 施 润

中天弘景运，万里摘星枢。

患难斯文在，风流二字俱。

生还荣北阙，殁祀配南隅。

仰止书台上，年年绿满铺。

文献名邦[③]

[清] 王万龄

焕文彩笔高插天，丰禄雄才谁比肩？

莫羡三江薄此地，滇中邹鲁古今情。

① 杨丰编撰：《建水文庙研究资料汇编》，建水县文庙管理处2002年版，第122页。

② 杨丰编撰：《建水文庙研究资料汇编》，建水县文庙管理处2002年版，第122页。

③ 杨丰编撰：《建水文庙研究资料汇编》，建水县文庙管理处2002年版，第122页。

焕山倒影①

佚　名

文峰忽见泮池中，叠翠千层变化同。

夜看焰光映水底，先知预兆焕文风。

读书台②

佚　名

先生万里有高台，遗像清高不染埃。

学士安南开教化，摘仙高丽擅诗才。

满园桃李公栽培，一郡文风君始开。

古木苍苍遗爱在，千秋俎豆泸江隈。

焕山倒影③

佚　名

秀峰倒影映深渊，海色澄清光焰临。

不许白云铺水面，常邀明月映波心。

观澜亭上看鱼化，烟柳池边听鸟音。

忽见黑云头上起，四方风雨会龙吟。

携童泮池观炬④

佚　名

节届星回是古风，泮池观炬携儿童。

儿童不识焕山影，笑问火光出水中。

泮宫赏菊赋呈佴芳池孝廉⑤

［清］邹佩铭

昨日黉宫桂香飘，曾谒先生当清霄。

① 杨丰编撰：《建水文庙研究资料汇编》，建水县文庙管理处2002年版，第123页。
② 杨丰编撰：《建水文庙研究资料汇编》，建水县文庙管理处2002年版，第122页。
③ 杨丰编撰：《建水文庙研究资料汇编》，建水县文庙管理处2002年版，第123页。
④ 杨丰编撰：《建水文庙研究资料汇编》，建水县文庙管理处2002年版，第123页。
⑤ 杨丰编撰：《建水文庙研究资料汇编》，建水县文庙管理处2002年版，第123页。

及今先生黄花放，更赏深院秋风高。

色淡香冷凝晚秀，体瘦态远夸孤标。

绝俗丰神傲松竹，凌霜骨力轻芭蕉。

经秋独芳岂凡卉，炼金攻石亦后凋。

孔圣抱道其类此，生逢衰世德懋昭。

先生指花对我语，边城烽火愁前朝。

惆怅西风各无恙，归来再见佳色饶。

先生与花自有素，患难相恤非偶遭。

栖迟从此开幽径，清风远追北窗陶。

咏文庙梅花和刘竹轩韵[①]

[清] 曾 彬

东风昨夜到南枝，晓起寒香暗入帏。

培本已非尘俗地，开花况在雪霜时。

诗吟冷月君应笑，梦绕空山客有思。

最美婆娑双老松，撑将铁骨对冰肌。

建水文庙大成殿楹联

① 杨丰编撰：《建水文庙研究资料汇编》，建水县文庙管理处2002年版，第124页。

建水文庙大成殿孔子像前楹联

楹 联

建水文庙大成殿楹联：

先觉先知为万古伦常立极

至诚至圣与两间功化同流

建水文庙大成殿孔子像前楹联：

德冠生民溯地辟天开咸尊首出

道隆群圣统金声玉振共仰大成

建水文庙内临安府学楹联：

修齐治平儒学宗师
礼义廉耻德化圣主

建水一中图书馆致贤楼对联：

拜孔夫子求半部论语学做人
过状元桥需千里跋涉为成才

滇南邹鲁启今朝：
建水文庙人物

元代人物
明代人物
清代人物

建水文庙淌过七百多年的岁月长河，涌现出诸多知名历史人物。元代的赛典赤·瞻思丁首创云南行省，在云南各地创设文庙、兴办学校；张立道创立建水文庙，开滇南文教之先河。明代的王奎、韩宜可在建水文庙讲学长达十六年，首开临安文化；萧崇业出使琉球，成为"云南航海第二人"，其诗文"开云南海外文学第一页"；包见捷被誉为"南滇文献一代名臣"；杨慎两度到临安讲学，培养造就了包括"杨门七子"在内的大批才学之士。清代的傅为詝人称"直谏名臣"，陈世烈是五华书院山长之一，三迤人士皆"仰若山斗"；张履程有"出为名吏，处为名儒"之赞。元、明、清三代历史人物成就了建水文庙"滇南邹鲁"的至高荣誉。

元
代
人
物

赛典赤·赡思丁

赛典赤·赡思丁（1211—1279），蒙元时期杰出的政治家，又名乌马儿，是西域布哈拉（今乌兹别克斯坦布哈拉市）贵族，为伊斯兰教创始人穆罕默德的后裔，人称"圣裔"。其本名实为赡思丁，赛典赤是布哈拉人对贵族的尊称。[1]元太祖成吉思汗西征时，赡思丁降伏于蒙古大军，并加入值宿守卫部队，随其征讨。太祖尊称其为赛典赤，不叫其本名，故而后世多以赛典赤称之。[2]至元十七年（1280年），元世祖忽必烈为加强对西南地区的统治，决定建立云南行中书省（全称"云南诸路行中书省"或"云南等处行中书省"，简称"云南行省"），其辖域包括今云南省全部与贵州、四川、广西一部以及泰国、缅甸北部的部分区域。因赛典赤有长期主政燕京（后改称中都、大都，今北京）、陕西、四川等地的经验，曾任燕京宣抚使、陕西五路西蜀西川行中书省（统管川陕，节制川陕两地大小官员）平章政事（行省最高长官）等

<hr>

[1] 方铁：《边疆民族史探究》，中国文史出版社2005年版，第372页。

[2]《元史·列传第十二·赛典赤赡思丁》。

职，充分具备仁德之心、主政一省的经验以及娴熟的治理能力和智慧，元世祖遂委派其为云南行省首任平章政事。至元十一年（1274年）的一天，元世祖曾与赛典赤对话："云南朕尝亲临，比因委任失宜，使远人不安，欲选谨厚者抚治之，无如卿者。"①元世祖明确表达了想让赛典赤主政云南的想法，亦表明赛典赤深得其信任和赏识。赛典赤领会了元世祖的意旨，当即寻访熟知云南地理地貌的人士，并把云南的山川城郭、驿舍军屯、夷险远近等详情绘制成图呈送元世祖。元世祖大悦，遂拜其为行省云南的平章政事。

元朝初期，云南除昆明、大理等少部分区域外，大多仍处于蒙昧状态，经济文化较为落后。《元史·列传第十二·赛典赤赡思丁》载："云南俗无礼仪，男女往往自相配偶，亲死则火之，不为丧祭。无粳稻桑麻，子弟不知读书。"②赛典赤在滇六年期间，励精图治，进行了一系列改革。如创建云南行省，并据此改革行政机构，在西南边陲之地设立路、府、州、县四级完整的地方行政体系，将实权集于行省，巩固了行省制度体系；兴修水利，开展屯田，恢复和发展社会生产，统一赋税。"赛典赤教之拜跪之节，婚姻行媒，死者为之棺椁奠祭，教民播种，为陂池以备水旱，创建孔子庙、明伦堂，购经史，授学田，由是文风稍兴。"③赛典赤把中原的礼仪、习俗、技术、儒学等传入云南，推广文治，兴办学校，移风易俗，推动了云南经济、政治、教育、文化的综合发展。与此同时，赛典赤积极处理与云南各少数民族间的关系，加强了各民族间的融合团结，使得云南行省的设置得以顺利推进，结束了各种势力割据、分裂云南的局面，维护了国家的完整统一。

赛典赤以各种举措推进云南的文教振兴。大理路儒学提

①《元史·列传第十二·赛典赤赡思丁》。
②《元史·列传第十二·赛典赤赡思丁》。
③《元史·列传第十二·赛典赤赡思丁》。

举赵子元（白族）撰文的《赛平章德政碑》记载，至元十一年（1274年）赛典赤甫一上任，便用心经略云南文教的事迹："是岁七月抵大理，下车莅政，风动神行，询父老、诸生利国便民之要。中庆、大理两设提举，令王荣午、赵子元充其职。中庆首建文庙，岁祀于春秋二丁。仍收置儒籍……使南方之人，举知风化。"①赛典赤认为："夷俗资性悍戾，瞀不畏义，求所以渐摩化服其心者，其惟学乎？"②赛典赤"建孔子庙为学校，拨田五顷，以供祭祀教养"③。至元十一年（1274年）七月，赛典赤到访大理，随后决定在中庆路和大理路设专门主管学校的官员"儒学提举"④。每省设提举二员，正提举从五品，副提举从七品。儒学提举司负责管理各"路府州县学校祭祀、教养、钱粮之事，及考校呈进著述文字"。与此同时，下令在中庆路首开庙学。而后制定地方法规，为每个地方的文庙均拨学田五顷，用来维持庙学的日常开支。在赛典赤的倡导及幕僚张立道（时任中庆路总管）的协助下，中庆路治所昆明县城之北的文庙，于至元十一年（1274年）冬开始修建，至至元十三年（1276年）春落成，是云南最早建成的文庙。⑤在此之后的元、明、清三代，临安（建水）、澄江、仁德（今寻甸）、曲靖、鹤庆、威楚（今楚雄）、武定、永昌（今保山）、丽江、姚安等地先后建设文庙，儒风雅颂，逐渐遍于彩云之南。赛典赤不仅重金聘请内地的学者到云南讲学，而且鼓励官员学士"乘驲内地，请给经籍"⑥。赛典赤为何如此重视办教兴学？赵子元在其撰写的《赛平章德政碑》中认为："殊不知国家政事典则、纪纲法度、军旅刑措之事，未尝不自文学而始。"继中庆之后，赛典赤又在临安、大理提倡儒学，兴建文庙，讲授经史。其学田制度与教师的聘任等方面亦有很好的保障。赛典赤大兴

① 民国《新纂云南通志》卷92。
② 列景毛等点校：《新纂云南通志》卷5，云南人民出版社2007年版，第226页。
③《元史·列传第十二·忽辛》。
④《元史·志第三十一·选举一》。
⑤ 张建伟主编，中国人民政治协商会议云南省昆明市委员会编：《昆明文史资料集萃》第8卷，云南科技出版社2009年版，第6174页。
⑥ 民国《新纂云南通志》卷92《中庆路重修泮宫记》。

礼仪之风，主观上是为加强元朝在西南边疆地区的统治，但客观上促进了内地先进文化在云南的广泛传播，对改变云南的落后面貌起着推动作用。

赛典赤的次子忽辛曾任云南行省右丞，继承赛典赤的遗志，继续在云南兴办教育。赛典赤去世后，原先拨给文庙和学校的田地被大德寺占据，忽辛按照庙学原先的规定把田地重新返还给庙学，并"复下诸郡邑遍立庙学，选文学之士为教官，文风大兴"[1]。赛典赤的几个儿子日后均有所建树，皆成主政一方的朝廷大员，尤以忽辛最为贤能。忽辛继承了其父赛典赤重教兴学的政策，在其治理下，云南的教育、人文愈加勃兴。《滇考》记载："赛典赤诸子俱贤，而忽辛置牧所一事，其便于民者尤大。嗟乎！今安得若忽辛者，而与商救民之事耶。"[2]可见赛典赤及其子在云南施政期间深得民心。

据当代分子人类学研究显示，中国历史上伟大的航海家郑和与赛典赤拥有同源于南亚西部（前波斯统治区）的波斯祖源，[3]且郑和是赛典赤的六世孙[4]。明永乐三年（1405年）到宣德八年（1433年）的二十九年间，郑和先后七次率领庞大的舰队扬帆西洋，到达37个国家，足迹遍及南至爪哇，西到非洲东海岸和阿拉伯半岛间的广大地域。[5]郑和七下西洋开拓了中国对外交流的新路径和方式，促进了中国的对外经济文化交流，拓展了中国人对世界地理历史的新认识。

赛典赤在推动云南文教兴盛与繁荣，促进元朝统一多民族国家的形成、发展等方面作出了重要贡献，得到了云南百姓的衷心爱戴。"赛典赤居云南六年，至元十六年卒，年六十九，百姓巷哭，葬鄯阐北门。交趾王遣使者十二人，齐经为文致祭，其辞有'生我育我，慈父慈母'之语，使者号泣震野。帝思赛典赤之功，诏云南省臣尽守赛典赤成规，不得

---

① 《元史·列传第十二·赛典赤赡思丁》。

② ［清］冯甦《滇考·张立道赛典赤父子政绩》。

③ 李辉、金力编著：《Y染色体与东亚族群演化》，上海科学技术出版社2015年版，第310页。

④ 云南省郑和研究会编：《世界的郑和第二届昆明郑和研究国际会议论文集》，云南大学出版社2005年版，第306页。

⑤ 徐静茹编著：《中国古代地理》，中国商业出版社2015年版，第81页。

辄改。大德元年，赠守仁佐运安远济美功臣、太师、开府仪同三司、上柱国、咸阳王，谥忠惠。"[1]"百姓巷哭""使者号泣震野"以及元世祖下诏云南遵守赛典赤定下的规章制度，是对赛典赤治滇功绩的巨大肯定和褒奖。从教育发展角度看，赛典赤把内地的学校教育制度完整迁移到云南，各路、府、州、县广置学校，云南的教育开始与内地全面接轨。元朝在云南教育史上是个划时代的朝代，[2]这与赛典赤的功绩密不可分。

张立道

张立道（？—1298），字显卿。其祖先是陈留（今河南开封）人，后迁徙至大名府（治所在今河北大名县）。父亲张善，是金朝进士。张立道十七岁入宫担任值宿守卫。元世祖忽必烈即位，张立道护驾北征，不离左右。至元四年（1267年），朝廷命立道出使西夏故地，负责粮秣等军需物资，表现干练、敏捷，为人称赞。朝廷封皇子忽哥赤为云南王，诏令张立道为王府文学。[3]他劝忽哥赤重视发展农业，治昆明池，得良田万余顷。史书记载："先是云南有昆明池，环五百余里，夏潦暴至，必冒城郭。张立道为劝农使，求水所自出，役丁夫二千人洩之，得壤地万余顷，皆为良田。"[4]他又以内地先进的养蚕技术教导当地人民，关注民生，使老百姓丰衣足食。忽哥赤任命他为大理劝农官，兼管屯田事宜，配银符。至元十五年（1278年），张立道担任中庆路总管，佩虎符。

其时，云南不知尊孔子，祀东晋王羲之为先师。张立道在云南首建文庙，置学舍，不仅选择四川等地有才华的贤能之士，作为士人子弟的教师，还每年率领诸生行释菜礼。[5]至元十七年（1280年），张立道被任命为临安广西道宣抚使，

①《元史·列传第十二·赛典赤赡思丁》。
②蔡寿福主编：《云南教育史》，云南教育出版社2001年版，第243页。
③文学，官职，一般由精通儒家经典的人担任，主要掌校典籍，侍从文章。
④［清］冯甦：《滇考·张立道赛典赤父子政绩》。
⑤古代入学时祭祀先圣先师的一种典礼，用芹藻之类的植物礼敬先师。

兼管军招讨使，仍佩虎符。至元二十二年（1285年），迁任临安广西道军民宣抚使，参与创立建水文庙，并在衙门内书写清白为官的训令，诚勉警示大家廉洁奉公，禁止贪污。后来，建水地区儒家文化氛围浓厚，社会风气大为改观，史书记载"复创庙学于建水州，清白之训于公廨以警贪墨，风化大行"①。至元三十年（1293年），元世祖忽必烈的曾孙松山被封为梁王，朝廷找一位旧臣辅助梁王，张立道遂从陕西行台御史调任云南行省参知政事，到任一个月后逝于任上。

张立道是到边陲地区任职时间最长的元廷官员，深得士人子弟的尊崇。张立道致力于推行赛典赤的治滇方略和举措，使得云南社会日趋稳定，经济、文化、教育得到发展。著有《效古集》《平蜀总论》《安南录》《云南风土记》《六诏通说》等。其中，《云南风土记》《六诏通说》为后人研究元代云南的经济文化状况、风俗习惯提供了具有较高参考价值的史料。

张立道是有文字记载的第一个进入建水的汉族官吏，开创了滇南兴办教育的先河。元代名儒、文学家姚燧②曾写《挽云南参政张显卿四首》称颂道："谁昔新知紫凤山，正当持节日南还，曾谈不足能专对，不得深轮九虎关"；"万里桥西远寄诗，但知相见可重期。如今翻阅伤垂老，却是幽冥永诀辞"；"自非威信结夷蛮，祠庙谁修爨棘间，从此旄裘俱牲酒，不来微福碧鸡山"；"人臣用世熟无能，由子非才不见称。观此移忠与纯孝，是家台席有重登。"③这四首悼念诗表达出作者对张立道才华的褒奖以及深切惋惜、怀念之情。

①《新元史》卷172。

② 姚燧（1238—1313），字端甫，号牧庵，原籍营州柳城（今辽宁朝阳）。元代名儒，官至太子少傅、翰林学士承旨知制造。著有《牧庵文集》50卷，今存《牧庵集》36卷，内有词曲2卷，门人刘时中为其作《年谱》。姚燧以散文见称，与虞集并称。宋濂撰《元史》说他的文辞，闳肆豪刚，"有西汉风"。其散曲与卢挚齐名，今存小令二十九首，套数一篇，抒个人情怀之作较多，曲词清新、开阔，富有情趣。摹写爱情之曲作文辞流畅浅显，风格雅致缠绵，对散曲发展有一定的影响。

③ 方国瑜主编：《云南史料丛刊》第2卷，云南大学出版社1998年版，第671页。

明
代
人
物

王　奎

　　王奎，字景常，一字景彰，松阳（今浙江遂昌县）人，翰林学士，博学多才，诗文高古。明洪武初年，为怀远教谕，以博学应诏入朝，皇帝命其做朝享乐章，定藩王朝仪。[①]曾任山西右参政，为朝廷从三品大员，后遭贬谪云南，临安卫指挥使万中聘请他与韩宜可一起担任高级讲师。当王、韩两人到建水时，建水庙学已改为临安府学，招生覆盖范围及功能进一步扩大，使得文庙与科举制度相结合，这对维护边疆地区稳定有着不可替代的作用。王、韩两人不仅有着朝廷大员的身份，而且博学宏才、循循善诱，临安子弟争相聆听两位先生讲课，甚至邻近州县的学生也慕名远道而来，一时声名鹊起。建水文庙泮池旁书声琅琅，士子刻苦用功，文教之风盛行，科考屡创佳绩，崇儒尚学成为一种风尚。王奎与韩宜可在建水文庙讲授长达十六年，《建水州志》记载："临安文化之开，自韩都谏、王学士两先生谪戍始。"有诗云

① 杨丰：《建水史话》，云南人民出版社2003年版，第57页。

"人沐诗书忆二贤"，二人成为云南儒学先贤。2007年，"韩宜可、王奎首开临安文化"被列为建水建城一千二百年十件历史大事之一。①

韩宜可

韩宜可，字伯时，浙江山阴（今绍兴）人，明初担任山西右布政使，为朝廷从二品大员。元至正年间，行御史台征召他为掾吏，未去就任。洪武初年，因举荐授任山阴教谕，后转任楚府录事。不久提拔为监察御史，弹劾不回避权贵。当时丞相胡惟庸、御史大夫陈宁、中丞涂节正受皇帝宠幸。一日三人侍坐，和皇帝从容谈话。韩宜可径直上前，从怀中拿出弹劾文章，弹劾三人险恶似忠，奸佞似直，恃功怙宠，内怀反侧，提拔到高位后，擅作威福，请斩杀他们的头来谢罪天下。皇帝龙颜大怒，说道："快口②的御史，敢排挤陷害大臣！"命令将他关入锦衣卫监狱，不久又把他释放出来。洪武九年（1376年），韩宜可出京任陕西按察司佥事，当时官吏有罪的人，笞刑以上的全部贬谪屯守凤阳，达到一万人。韩宜可上疏，替他们争辩："刑法是用来禁止淫恶，统一民轨的，应考虑事情的轻重、公私、罪行的大小进行论处。现在全部被贬谪屯守，小人幸运，而君子则不幸。请求分别论处来凝聚众人之心。"皇帝同意了他的进言。不久，入京城朝见。恰逢把犯罪官员的妻女没收入官府并赐给各部门官员，独韩宜可不接受，极力争辩："处罚罪人不连及妻子儿女，是古代的制度。犯罪随意连坐，这是滥用法律。婚姻超过了约定的时间尚且还伤和气，何况妻子儿女这种最重要的人伦。满门连坐，难道是圣朝所应做的事！"皇帝认为

① 建水县史志办编：《建水年鉴2007》，德宏民族出版社2007年版，第408页。

② 快口，不假考虑，有话就说。

他说得对。规定以后坐事将刑，皇帝到谨身殿亲自审理，获免。众皆以为合乎情理，在韩宜可的直谏之下，谪屯、连坐之法渐趋缓。后来，他再次上疏陈说了二十多件事，均回获得应允。不多时，罢官回家。不久，又征召他到京城，"命撰祀钟山、大江文；谕日本、征乌蛮诏"，都称合旨意，被特地授任山西右布政使。不久因事被贬至云南。惠帝即位后（1399年），采用检讨陈性善的举荐，起任云南参政，入京拜任左副都御史，在任上去世。去世之夜大星陨落，拴在马厩的骏马都受惊嘶叫，老百姓都说这是韩宜可死去的应验。①

被贬谪到云南临安卫期间，韩宜可在建水文庙讲学长达十六年，开临安文教之先声，深得当地士子及百姓的认可和尊崇，为建水教育事业的发展作出了奠基性的贡献。

嘉靖六年（1527年），云南按察副使欧阳重撰写的《修复寄贤祠碑记》载："于是士习始变，人文始著，临弟子始无有不学焉者矣。既而五云起为都御史，太原寻起为翰林侍讲，而临士亦始自永乐丙戌第进士，仕者相望于朝也，两先生之功有不可诬哉。"②韩宜可等"乐居绝徼，而忘中上"③的献身精神，为云南培养了一批谙熟儒家学说的经世致用之才。后人为了纪念弘扬韩宜可在建水文庙讲学的历史功绩，于成化年间在建水文庙内建寄贤祠，祭祀韩宜可和王奎二人，并于祭孔之日同时祭祀二位先生。寄贤祠先后改名为景贤祠、二贤祠。嘉靖年间兵备道副使戴书在寄贤祠前创设寄贤书院。④后又增设建水州学，传承韩宜可讲学精神，继续为滇南文教事业发展发挥作用。

---

① 以上内容据《明史·韩宜可传》综合。

② 杨丰校注：《建水文庙历代碑文选注》，建水文庙管理处2004年版，第18页。

③ 蔡寿福主编：《云南教育史》，云南教育出版社2001年版，第292页。

④ 嘉庆《临安府志》卷8。

萧崇业

萧崇业（？—1588），字允修，号乾养，明代建水州人，出生在云南新安所一普通军卫之家。祖籍江苏秣陵，洪武年间，其祖随明军入滇，驻守临安卫，其后代遂寓居建水。萧崇业自幼聪颖好学，在诸生之时即报经世之志。"及读书中秘，同馆为词赋相竞，崇业曰：'奈何以雕虫技坐消清画乎？'乃究心理道，深习国家典故，同馆者皆心折焉。"①嘉靖四十年（1561年）考中举人。隆庆五年（1571年）考中进士，选为翰林院庶吉士。万历元年（1573年）特授兵科都给事中，执掌朝廷兵部监察专员事。后历官户科、工科左、右给事中，兵科都给事中，光禄寺少卿，太常寺少卿，都察院右佥都御史等职。纠弹监察朝政和公卿百官，不避权要，敢逆龙鳞。博学好古，深通国家典章制度。史称其"识度宏远""有济世才"。

其一生业绩，以出使琉球（今日本冲绳县）为最。自洪武十六年（1383年）起，历代琉球王都向中国皇帝请求册封，正式确定君臣关系。万历四年（1576年）夏，琉球中山王驾崩，其子尚永，请封于明朝。万历皇帝朱翊钧需派遣一名给事中前去册封。因海峡多飓风，六科给事中都面面相觑，无人应声。萧崇业慨然请求承担这一使命。遂和行人（官名）谢杰携带敕书及皮弁、冠服、玉珪，领朝命出使。从北京到福建，乘船出洋，破惊涛骇浪，几经生死，抵达琉球。中山国世代臣服中国，彼此往来不绝。萧崇业等悉心指导中山王演习礼仪，顺利拜受明朝赐封。中山王举行欢送萧崇业等归朝复命的宴会后，命侍臣捧出许多金银宝器馈赠天朝上国使者，萧崇业不失礼节地加以谢却。中山王以为他不

① 民国《新纂云南通志》卷191。

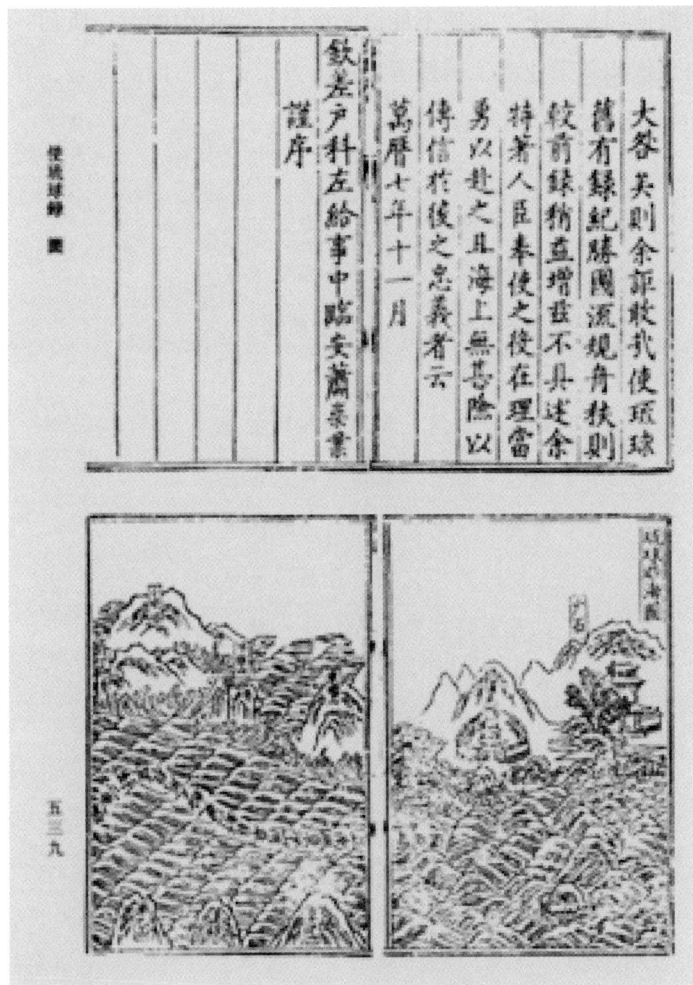

萧崇业《使琉球录序》图（图片来源：《续修四库全书》编纂委员会《续修四库全书742 史部·地理类》，上海古籍出版社2002年版，第539页。）

好当面接受，又遣大臣借送行之机，再携重金相谢。萧崇业端正衣冠，对来使说："我与你们君王私人之间并无厚交，不宜接受如此重礼。作为天朝使节，我到贵邦办的是国事，如果私自接受赠礼，就亵渎国家尊严，于朝廷制度不相容。

请贵使回复大王，本使不能以私废公！"中山国大臣听后，由衷钦佩萧崇业的上国使者风度。萧崇业前后四次却金，并作《却金行》以明其志：

> 中山宴罢赠兼金，远人不谅四知心。
> 义利分明难可昧，敢信金多交始深？
> 金函开诏出殊方， 皇华众所望。
> 薏苡还招犀玉谤，黄金愧人陆生装，
> 帝子怜娇贮金屋，我易好怀贸书读，
> 书中道义原自贵，孰识豪富悲金谷。
> 白昼攫金亦何迷，金兜络马遭倾覆。
> 灿烂金丸韩嫣侈，妇贤且解遗金厚。
> 君不见燕王好客筑金台，高士掉首去不回。
> 天生我才原有用，散尽千金还复来。
> 又不见鲍叔让金交谊笃，仲翁分金乐宗族。
> 不疑偿金同舍子，幼安锄金如草木。
> 祖荣一钱犹为多，清献琴鹤良自足。
> 赵轨饮水范甑尘，羊续悬鱼苗留犊。
> 余诚不能比德於数子，区区窃慕古人之芳躅。[1]

据《明实录》记载："万历八年冬十月乙丑，琉球中山王差王舅马良弼进贡方物，给赏如例。十一月己卯，光禄寺少卿萧崇业疏辞琉球馈金，诏该国使臣携去。"[2]萧崇业一行在琉球群岛四个半月，于同年十月二十四日返航还朝，十一月初二日到达定海港口，转回京城复命。他在琉球期间，详细考察了当地的地理状况及物产资源、风土民情，著有《使琉球录》一书，复命时呈献国家，惜此书稿未能完整流传下

①建水县政协文史资料委员会编：《建水文史资料选辑》第6辑，2000年版，第53—54页。
②《明实录·神宗实录》卷105。

来，只有《南游漫稿》一卷行于世。①《使琉球录》被《四库全书》存目，民国《新纂云南通志》著录。

元代，赛典赤·瞻思丁奉元世祖忽必烈之命首建云南行省，赛典赤病逝后，其后代在云南繁衍为回族的赛、沙、纳、马几大姓家族。②郑和是赛典赤的六世孙，曾按明成祖的旨意率领庞大的船队七次远航，访问了南亚、东南亚、西亚、东非地区的三十多个国家和地区，是人类航海史上的伟大创举，他被誉为"云南航海第一人"。萧崇业紧随郑和之后，开创了云南航海史新篇章，被誉为"云南航海第二人"。其诗文被誉为"开云南海外文学第一页"③。2007年，萧崇业被建水县列为建水"十大历史文化名人"，勒石碑记设置于建水文庙"圣域由兹"坊前。

刘 洙

刘洙（1475—1547），字道源，号三贞，临安卫人。从小就显示出与众不同的气质，"生而凝重，不与群儿处"④，十一岁增补进入建水府学。弘治戊午年（1498年）中举人，正德三年（1508年）登进士第，历任刑科给事中、户科左给事中、刑科都给事中。曾上疏平定建水、贵州都匀叛乱，"嘉靖元年，上疏言正君心、讲圣学、亲儒臣、勤政事、谨好尚、戒嗜欲、辨贤邪七事。洙任谏官十余载，疏百余上，皆关国家大计，见惝群小，调外任。洙遂告休致，得旨，以都给事中致仕"⑤。其为人忠诚正直，针砭时弊，敢于直谏。刘洙辞官返乡后，施救乡民，在建水城南三里泸江乡筑静乐园六柳庄，与当地文人士大夫吟诗唱和，怡然自得。开办书院一所，教授子弟，远近学子亦多来求教。著有《奏

① 云南省红河哈尼族彝族自治州志编纂委员会编：《红河哈尼彝族自治州志》，生活·读书·新知三联书店1995年版，第77—78页。
② 肖宪：《当代中国—中东关系1949—2014》，中国书籍出版社2017年版，第12页。
③ 建水县史志办编：《建水年鉴2007》，德宏民族出版社2007年版，第409页。
④ 民国《新纂云南通志》卷190。
⑤ 民国《新纂云南通志》卷190。

疏》三卷，《参驳》五卷，诗若干卷。杨慎为其作《刘都谏阡表》，立碑于町畦寨后，称赞他"立志謇直，历职谏垣，正言不挠"[1]。2007年，刘洙被评为建水"十大历史文化名人"，勒石碑记设置于建水文庙圣域由兹坊前。

包见捷

包见捷（约1558—1621），字汝钝，号太瀛，临安卫人。出身书香门第，其父包万化博览群书，藏书数千卷，为子设家塾，专心教诲。包见捷在父亲教导下，聪敏过人。八岁时，临安知府钱邦甬试以七言诗，能应声作答，知府称奇。包父为使他避城市喧嚣，专心求学，特在城南马鞍山建学舍一间，名"五云斋"，让包见捷和谭继统（后官至贵州分巡副使）读书。万历十二年（1584年），两人同时考中举人，被誉为"双璧"。万历十七年（1589年）中进士，选庶吉士。后历任礼科给事中、户科都给事中等职，官至吏部左侍郎。以敢于上疏，弹劾不法税使（掌管税务的官员）而闻名朝廷内外，因谏言屡次被贬谪。他潜心研究历朝典宪。一次，皇帝举某朝典宪询问廷臣，众人皆面面相觑，无以对答，包见捷却能原原本本陈说无遗。神宗皇帝欣喜地说："中原文献尽在卿矣！"命司建坊于故乡，赐额"文献名邦"。包见捷为建水赢得"文献名邦"的美誉，从此名震京师。万历末年，临安知府金节建文献名邦牌坊于建水城。包见捷曾撰修云南地方志书《滇志草》，但未能刊印，著有《缅略》《赋役志》《兵食志》三篇。包见捷在文学及政治方面得到历史的认可，《明史》曾为其立传。雍正《建水州志》称："少宰公见捷，讲圣道，明经学及子史源流，宵吟夕讽，考订精详。既而历参大

① 民国《新纂云南通志》卷190。

政，事业文章，为一代名臣，南邦文献，汲引后学。"①

2007年，包见捷被评为建水"十大历史文化名人"，勒石碑记设置于建水文庙"圣域由兹"坊前。

张　隆

张隆，建水州人。正统年间贡生。任杭州知府，浚西湖，维修白堤、苏堤，治理彰河，政绩优异，清正廉明，得以觐见皇帝。后因母亲病逝，回乡守墓。②嘉靖年间，建水文庙首祀四贤祠，张隆居四贤之首，与邢干、张文宗、田容共祀一祠。旧志称其"继美白、苏"。2007年，张隆被评为建水"十大历史文化名人"，勒石碑记设置于建水文庙圣域由兹坊前。杨慎在《临安府四乡贤碑记》中评价张隆为："居丧哀毁，逾礼庐墓，官处脂膏不自肥，润西湖广其利，郭水安其锸，考绩三载，最于全浙，是杭州公之行也。"③

邢　干

邢干，建水人，字秉忠，天顺三年（1459年）举人，天顺八年（1464年）甲辰科第三甲第一百五十二名进士。少孤，鞠于母王。历官工部郎中，因忤权贵，谪泸州知州，爱民省费，禁暴崇良。后任南阳知府，兴水利，均徭役，戢豪强，为吏民所悒爱，卒于官。杨慎所作《临安府四乡贤碑记》记载："赡族而族待以举火，起家而家世其清德，守泸而泸人尸而祝之，守南阳而南阳人社而稷之，是南阳公之行也。"④邢干清正廉洁，不畏权贵，深受百姓爱戴。他不仅得到了家族、同乡的高度认可，也受到为官一方民众的敬仰，

---

① 云南省红河哈尼族彝族自治州志编纂委员会编：《红河哈尼族彝族自治州志》，生活·读书·新知三联书店1995年版，第95页。
② 民国《新纂云南通志》卷204。
③ 民国《新纂云南通志》卷204。
④ 杨丰校注：《建水文庙历代碑文选注》，建水文庙管理处2004年版，第20页。

邢干去世后，泸州、南阳官民均立祠祭祀他。

张文宗

张文宗，建水人，字本道，景泰年间贡生。年幼时，读书过目成诵。稍长，游郡庠，五次参加科举考试未中，[①]卒业国子监。曾任两淮盐运使、经历等职。尝陈盐政数事，深中时弊，均准行之。后以亲老归养，在建水兴办社团，教导其子张绎考中进士，后授封和他一样的官职。杨慎的《临安府四乡贤碑记》载其"孝友睦亲，屡荐不留，归养弃官，敦行化俗，蕃祉老寿，是南溪公之行也"[②]。

田　容

田容，字仕仪，建水人，领景泰癸酉乡荐，由举人授文昌知县。史书评价他，廉介慈祥，政绩最著，常讯狱得其枉情，力为之辩，违当道意，遂乞归焉。居家教子，足迹不至公门，子孙官业蝉联，殆遗泽焉。[③]田容任文昌知县期间廉政爱民，政绩突出，因为冤狱申辩违背了当政者的意愿，便辞官回乡养老，在家乡教导子孙，多人登上仕途。杨慎的《临安府四乡贤碑记》载其"不工于媚贵人，而有余于裕孱民，勇于退田亩，而怯于入公府，是文昌公之行也"[④]。

杨　慎

杨慎（1488—1559），字用修，号升庵，四川新都（今成都市新都区）人，为湖广提学佥事杨春之孙，吏部尚书、

① 民国《新纂云南通志》卷227。
② 杨丰校注：《建水文庙历代碑文选注》，建水文庙管理处2004年版，第20页。
③ 民国《新纂云南通志》。
④ 杨丰校注：《建水文庙历代碑文选注》，建水文庙管理处2004年版，第20页。

武英殿大学士杨廷和之子，自称博南山人、金马碧鸡老兵。正德六年（1511年）殿试第一，授翰林修撰。嘉靖三年（1524年），因参与大礼议，并与王元正等率群僚伏哭，遭廷杖，谪戍云南永昌卫（今云南保山市）。嘉靖三十八年（1559年）七月六日，杨慎卒于戍所，时年七十二岁。隆庆元年（1567年），明穆宗追赠杨慎为光禄寺少卿。天启年间明熹宗追谥文宪。①

杨慎谪戍在滇的三十余年间，曾两度到滇南的最高学府所在地建水寓居讲学。②"常过临，寓城东"③，他第一次到建水是嘉靖十三年（1534年）冬，第二次到建水是嘉靖二十九年（1550年）。江苏青浦人吴大勋的《滇南见闻录》记载："流寓滇中者数十年。往来各郡，所至辄有题咏，滇中能文之士，从游者甚众。尝于临安教授生徒，多所造就，故临之文风甲于诸郡，至今滇之人士尸祝之。"④他曾寓居于建水小桂湖⑤边的福东寺，一时间群贤皆至，共聚一堂，对建水的学风文风产生过不可估量的影响。⑥杨慎在临安讲学期间培养了一批学生，且多有成就，对建水的教育文化起到了推动作用，受到建水百姓的爱戴和尊崇。他还到云南的安宁、大理、保山等地讲学，《安宁州志》载"居城东遥岑楼，尝讲学于上"，《大理府志》载"郡人士咸师之"。⑦因杨慎常居安宁，安宁知州王琼即在螳螂川北岸修建一檐翘六角的楼房作为杨慎游宿讲学之所，取名"遥岑楼"，以表达安宁父老对杨慎的抚慰和敬慕之情。杨慎深受感动，慨然允诺留下讲学。本县青年学子丘月诸、杨墨池、张松霞等都受业于其门下。一时间，省内文人纷至沓来。开远王廷表罢官回里，绕道前来，探视慰问，探讨学术；昆明胡廷禄，归里后几次来安宁与杨慎相互唱和；大理李元阳也来讨论诗文学术，与

①《明史·列传第八十·杨慎》。

② 建水县志编纂委员会编：《建水县志》，中华书局1994年版，第567页。

③ 雍正《建水州志》卷8。

④ 方国瑜主编：《云南史料丛刊》第12卷，云南大学出版社2001年版，第14页。

⑤ 小桂湖原为建水城关东南的洗马塘，本为明初守城将士取土筑城形成的水塘。杨慎觉得洗马塘的山水景色与自己家乡四川新都桂湖极为相似，于是触景生情，为寄托自己的思乡之情，就把洗马塘赞为"小桂湖"。小桂湖之名就此流传下来。

⑥ 云南省人民政府新闻办公室编：《中国云南》，云南科学技术出版社1999年版，第31页。

⑦ 董晓萍：《杨慎》，春风文艺出版社1999年版，第33页。

杨慎成为莫逆之交。雍正《建水州志》载："在滇日久，后与阿迷王廷表、建水叶瑞文字交密。"①当时的安宁，文人荟萃，文风四起，人才辈出，中举者36人，超过以往任何时期。②李元阳《送升庵先生还螳川客寓诗序》载："先生旧尝读书点苍山中，著《转注古音》，以补字学之缺。一时问字者肩摩山麓。先生今日复至，则曩昔问字之士，皆崭然露头角为闻人矣。识者谓先生所至，人皆熏其德，而文学用昌有不及门而兴起者矣，况亲炙之者乎？以是，从之游者日益以众也。"③杨慎培养造就了大批有识之士，以"杨门七子"张含、王廷表、李元阳、唐锜、杨士云、吴懋、胡廷禄最为有名。7人中有进士5人，举人2人，均有极高的文学造诣。

　　杨慎因朝廷党争而谪戍云南，却推动了建水及云南各地儒学的兴盛，他与韩宜可、王奎一样，均因贬谪而造福边地。这批德才兼备的官员因政治原因贬谪到边疆地区，客观上促进了中原儒家文化思想在边疆地区的推广和传播，边地文化也通过贬谪官员的诗文、交往传入内地，加速了内地与边地间的民族文化融合与发展，展现出政治人物与边地文化的互动关系。

① 雍正《建水州志》卷15。
② 安宁县地方志编纂委员会编纂：《安宁县志》，云南人民出版社1997年版，第826页。
③ ［明］李元阳著，施立卓总编校：《李元阳文集》，云南大学出版社2018年版，第240页。

清代人物

傅为詝

　　傅为詝（1701—1770），字嘉言，又字谨斋，号岩溪，建水人。雍正四年（1726年）中举人，雍正十一年（1733年）登进士第，选庶吉士。乾隆初年由翰林院检讨授贵州道监察御史，后任光禄寺少卿、鸿胪寺卿、大理寺少卿、宗人府府丞、都察院左副都御史。力主去奸民，除冗苛，申法禁，清狱讼而端风化等，人称"直谏名臣"。傅为詝热心教育，"迁奉天府丞，摄学政事，修治学校，作礼器，春秋以时释奠孔子。奏请颁经史，便诵读；益延老师宿儒，为诸生讲说；而旌表孝行，政俗丕变"[1]。奉天府任职时，重视学校教化，改变了当地风俗。曾奏国计民生利弊五事万余言。傅为詝著有《明儒四家纂》《读礼偶存》《读汉书论》《斯文易简录》《初学文类》《藏密文抄》《归滇日记》《藏密诗抄》等，为建水留下大量诗文篇章，卷帙浩繁。傅为詝于嘉庆十六年（1811年）入祀乡贤祠。[2]2007年，傅为詝被评为建水"十

① 民国《新纂云南通志》卷196。

② 方国瑜主编：《云南史料丛刊》第13卷，云南大学出版社2001年版，第572页。

大历史文化名人"，勒石碑记设置于建水文庙圣域由兹坊前。

陈世烈

陈世烈（1707—1789），字允文，号啸泸，先世为四川省巴县人。明末，祖父陈仲举、祖母刘氏迁居建水。雍正十年（1732年）获乡试第二名，乾隆二年（1737年）中丁巳恩科进士第三甲第五十八名（与蒋文祚同年考中进士）。[①]先入翰林院任检讨，后升任国子监司业，大理寺少卿，充中岳、南岳祭告使，归迁内阁学士兼礼部侍郎。[②]乾隆十五年（1750年），会误封发票本[③]，陈世烈怜同官者贫且老，独自承担过错，因此事受牵连，被降二级补用。[④]后因母亲去世，回滇服丧，服丧毕，进京继续任职。后因病返乡。云贵总督爱必达聘请陈世烈主持五华书院，前后讲学六年之久，培养了一大批人才。他曾经训导学生"程子言，向乡村里坐，不觉坏多少后生。我则疾今日后生喜游达者之门，十九为虚声耳。汝曹戒之"[⑤]。后来的翰林院修编施应培、布政使周樽、检讨李松龄、知府杨焯和通政司副使钱沣等，都是陈世烈的学生。在云南教育史上，陈世烈是五华书院著名山长之一。嘉庆《临安府志》称：三迤[⑥]人士皆"仰若山斗"。陈世烈卒于乾隆五十四年（1789年）。钱沣在《内阁学士兼礼部侍郎衔陈啸泸先生墓志铭》中称："呜呼！古所称盛德君子，诚何以过师耶！"文中流露出对老师的崇敬和怀念之情。2007年，陈世烈被评为建水"十大历史文化名人"，勒石碑记设置于建水文庙圣域由兹坊前。

① 杨丰、汪致敏：《学政考棚：滇南科举历史的记忆》，云南人民出版社2014年版，第185页。
② 民国《新纂云南通志》卷204。
③ 票本是附有签条供帝王批答的奏章。
④ 民国《新纂云南通志》卷204。
⑤ 民国《新纂云南通志》卷204。
⑥ 三迤是云南省的代称。雍正年间先后在云南设置迤东道、迤西道和迤南道，即三迤。此后，就以三迤代称云南。

蒋文祚

蒋文祚，建水州人。乾隆二年（1737年）中丁巳恩科、博学宏词科进士第三甲第二十九名。乾隆十一年（1746年）到陕西蓝田县任知县。[1]蒋文祚在蓝田任知县期间，重视对过境的西安府至商州的官路保养维修，使之畅通，以利驿传。官路水毁后，即筹资修治。筹资采取劝捐方式。修治采用"中甃巨石，两旁凿沟"办法，使路基坚实，雨水不在路面积存，"行人往来一时称便"《地志·道涂》。[2]为了能使官道经常得到维修，他把"劝捐"结余的银子存放贷出，"以其赢者息之，按岁出息，以分给统等"[3]，将每年的利息作为路边居民修路的费用。[4]因而，蓝田县境内的官道，能经常得到修治，保持畅通。蒋文祚曾捐赠修建位于北京宣武门外校场头条[5]7号的云南会馆。五四运动后，会馆曾住过许多革命先驱志士，如王德三、王复生、王孝达、聂耳等。[6]

张履程

张履程，字柏轩，建水县人，乾隆年间举人。年幼时为人孝顺，与朋友和睦相处，言行一致；成年后，用功过格逐日登记自己行为善恶以自勉自省，数十年从不间断。[7]先任陕西大荔知县，嘉庆二十二年（1817年）任华阴知县。[8]居官以慈惠为心，为官廉洁，唯民为亲，开仓出麦，赈济灾民，督工开河，勤治水患。

他离任返乡时，行李只有十筐书籍，回到建水后，重振崇正书院，并担任主讲。教学生先德行而后文章，潜心研究云南文献，成就斐然，著有《道学集要》《淑身要编》《滇

① 蓝田县地方志编纂委员会编：《蓝田县志》，陕西人民出版社1994年版，第486页。

②《蓝田县志》卷6《土地志·道途》。

③ 商洛地区交通局交通史志编写办公室编：《商洛地区交通志》，陕西人民出版社1993年版，第502页。

④ 西安市交通局史志编纂委员会编：《西安古代交通志》，陕西人民出版社1997年版，第313页。

⑤ 校场头条北起达智桥胡同，南至校场口胡同，全长400米，宽4—6米。明朝属宣北坊，称将军教场一条胡同。清朝称将军教场上、下头条胡同。民国时期改称校场头条。现属西城区广安门内街道办事处管辖。

⑥ 中共北京市委党史研究室、北京青年报社编：《永远的丰碑 北平抗战英雄谱》，北京燕山出版社2015年版，第2页。

⑦ 民国《续修建水县志》卷6。

⑧ 民国《新纂云南通志8》卷197。

南志遗》《彩云百咏》《彩云续咏》《彩云三咏》《四库全书目录序》及《柏轩诗文集》等书流传于世。张履程编著的《四库全书目录序》在四库学领域具有重要意义，是《四库全书总目》与《四库全书简目》的重要补充。《四库全书目录序》对历代学术弊端和《四库全书总目》《四库全书简目》学术特点进行概述，并在每一项概括之下举实例加以说明。因而，《四库全书目录序》不仅是对《四库全书总目》与《四库全书简目》的一般介绍和复述，还具有一定的学术批评意义。①其所著《彩云百咏》《彩云续咏》二书，"使人读之，可歌可泣，有裨于世道人心者，良非浅鲜"②。所咏史事，可填补志书之空缺，为云南方志界所推崇，有"出为名吏，处为名儒"之赞。2007年，陈世烈被评为"十大历史文化名人"，勒石碑记设置于建水文庙圣域由兹坊前。

① 郭向东、易雪梅主编：《四库全书研究文集 2005年四库全书研讨会文选》，敦煌文艺出版社2006年版，第309页。
② 民国《新纂云南通志》卷197。

中华文化边地同：
建水文庙的价值与作用

滇南兴盛之源头：历代对建水文庙的评价

继承中发展：后世对建水文庙价值的认同与开拓

建水文庙作为中国西南少数民族地区的巨型文庙，建制规模紧随曲阜孔庙，是云南乃至全国研究儒家文化及其辐射影响的重要历史文物建筑。七个多世纪以来，建水文庙在滇南地区扮演着儒家文化传播中心、教育中心的角色。当代，社会各界对建水文庙及其所代表的儒家文化的价值进行了继承与开拓。改革开放尤其是十八大以来，建水文庙得到了党和国家各级政府及有关部门的高度重视，保护、宣传和开发力度不断加强，其文化内涵、教育意蕴、商业价值得以深入挖掘，推动了滇南地区中华优秀传统文化的继承发展及中华民族共同体意识的培育。

滇南兴盛之源头：历代对建水文庙的评价

在中国古代，一个地区是否有文庙是判断其地方经济文化是否繁盛的重要标志之一。建水虽地处西南边疆少数民族地区，然而在七百三十多年前，建水文庙就已屹立于此，建水也自然成为滇南的经济、文化、教育中心。

建水文庙是云南现存近五十座文庙之一，其规模居云南之首，全国第二。建水文庙作为中国西南少数民族地区的巨型文庙，是儒家文化与边地文化融合的象征，它对研究汉文化在祖国西南边陲的传播，具有极其重要的历史价值。建水文庙在滇南地区扮演着儒家文化传播中心、教育中心的角色，传承着中华民族的文化传统，为边疆少数民族地区培育了一批批深谙儒家文化的治国安邦之才和文人学士，为中华文明的传承和发扬作出了重要贡献。

各类史书对建水文庙进行了不同层面的评价。民国《新纂云南通志》称其为"规制宏敞，金碧壮丽甲于全滇"。《云南年鉴·1986年》评价建水文庙是"规模仅次于山东曲阜的文庙"。《中国文物大辞典》指出："建水文庙仿曲阜孔庙布局扩建而成,是国内大型文庙之一。"《孔子百科辞典》认为,建水文庙是我国大型文庙之一,其建筑有较高的艺术价值,所保存的元、明、清历代碑刻,是珍贵的文物资料。[①]《红河文物志》的评价较为全面,认为建水文庙是云南乃至全国研究儒家文化及其辐射影响的重要历史文物建筑;建水文庙开创了滇南教育的先河,赢得了"文献名邦""滇南邹鲁"和"诗书郡""礼乐邦"的美誉。其教化功能最终铸就了建水古代文化的辉煌,一直影响滇南政治、经济、文化、宗教、建筑等方面的发展和繁荣达七个世纪之久,成为建水这座国家历史文化名城广泛的人文基础、厚重的历史积淀、深厚的文化内涵共同构成的精神文化遗产。

在人才培养方面,建水文庙培养出大批治国安邦之才,在建水文庙相关碑文中均有体现。嘉庆五年(1800年)的《临安府建水五次题名碑记》载:"南中人文,临阳为最。"明代丁序琨在《重修文庙碑记》中评价道:"临安,滇南望郡,弦诵比邹鲁。"立于康熙三十三年(1694年)的《临安府科甲题名碑记》载:"国家右文之治,驾轶前代,临阳科目之盛,尤冠于滇。一时师师济济,皆德行、文章、政事之流。"清代赵之随《重建文昌宫碑记》言:"临虽僻处天末,诗书礼乐之教,声明文物之休,殆不少异中土。盖自元朝收附内地,历胜国以迄今,兹垂四百年,仁渐义摩之化,沦肌浃髓,以故风流大雅,代不乏人。其间勋名世业彪炳汗青者,亦屈指不胜数。"这些历史碑文均表明建水文庙在人才培养方面的重要贡献。此外,建水文庙在促进民族融合、弘扬中华优秀传统文化等方面亦发挥了积极作用。

① 张岱年主编:《孔子百科辞典》,上海辞书出版社2010年版,第56页。

继承中发展：
后世对建水文庙价值的
认同与开拓

　　建水文庙因其在滇南地区的重要历史地位，至今仍受到各级政府、社会及广大民众的认同与尊崇。尤其是改革开放以来，建水文庙得到了国家各级政府及有关部门的高度重视，不断进行翻新、维修，并加大了保护和宣传力度，全国各地民众及外国友人络绎不绝地到建水文庙参观祭拜孔子，建水文庙在全国乃至世界的知名度越来越高。这些均体现出后世对建水文庙及其所代表的儒家文化及教育理念的高度认同。

　　党的十八大以来，以习近平同志为核心的党中央和国家及相关部门更加自觉、更加主动地推动中华优秀传统文化的传承与发展，国家相继出台加强传承和弘扬中华优秀传统文化的各项举措。2016年4月5日，国家文物局印发《全国重点文物保护单位文物保护工程竣工验收管理暂行办法》，建水文庙是第五批全国重点文化文物保护单位，自然被列入该办法管理之列。2017年1月，中共中央办公厅、国务院办公厅印发《关于实施中华优秀传统文化传承发展工程的意见》。

文庙作为中华历史文化遗产的重要组成部分，自然更应该得到保护与传承，并采取深入阐发文化精髓、贯穿国民教育始终、滋养文艺创作、融入生产生活、加大宣传教育力度、推动中外文化交流互鉴等方式与手段，实现包括文庙在内的中华优秀传统文化传承与发展。

2016年7月26日，国家文物局下发的《关于开展文庙、书院等儒家文化遗产基本情况调查的通知》指出："以文庙、书院等文物为代表的儒家文化遗产，是中华优秀传统文化的珍贵物质载体，也是我国独具特色的文物类型。'十三五'期间，我局拟组织实施儒家文化遗产保护利用工程，切实加强儒家文化遗产保护利用工作，充分发挥文物的公众文化服务和教育功能，让优秀传统文化融入当代社会、厚植道德沃土。"这些举措的出台，必将大大增强文庙的保护力度，从而更好地发挥文庙在弘扬中华优秀传统文化方面的意义及价值。

建水一中自20世纪90年代末期从建水文庙彻底搬出后，并未与建水文庙脱离关系，而是以物质和精神两个维度实现互动。建水一中比邻建水文庙，仅一墙之隔，西明伦堂及一部分绿色植被、古树划入建水一中校园。建水一中的学生仍可以凭学生证进入建水文庙读书、游览。建水一中校园内设有孔子塑像、泮池和状元桥，以及仿古建筑的图书馆。儒家文化的尊师重教之风在建水一中仍然得到较好的延续，保持着优良的教学质量，为滇南名校。建水一中从物质和精神层面实现了对建水文庙价值的继承和发展。

建水地方政府及民间非常重视通过建水文庙弘扬中国传统文化及地方特色。建水县从2005年开始，在每年9月28日举办"中国红河·建水孔子文化节"，并附带举行学政考棚开棚礼。以此纪念万世宗师孔子，并展现建水地方文化特色。

建水孔子文化节至今已举办16届。文化节因其广泛的影响力已入选《中国节庆大全》。

文化节经过十六年的演化，逐渐拓展为涵盖滇南地区民族文化、地域文化和具有时代气息的系列活动，带动了建水及周边区域经济、社会、教育、文化等方面的全面发展。孔子文化节促使以建水文庙为载体的儒家传统文化与时代需求相融合，建水文庙的价值得到不断扬弃、挖掘、阐释和更新。21世纪，建水文庙承载的价值实现了创新性发展与创造性转化，焕发出蓬勃的生命力与影响力，建水文庙所蕴含的文化、精神价值进一步获得认同与开拓，展现出其所具有的永久魅力和时代风采。

总之，建水文庙在滇南社会中充分发挥其功能与使命，传播儒学，开创、倡导、振兴地方文化教育，化民成俗，加强了滇南与内地的政治、经济、文化衔接沟通以及一体化的进程，为滇南地区文化纳入中华文化体系并进而融合为中华文化的一部分作出了不可估量的贡献。当然，应理性地看到，儒家文化的部分理念主张与现代社会所提倡的价值观及公民精神之间存在种种沟壑，需要对以儒家文化为代表的中华文化传统加以批判性扬弃、继承与创新，与现代教育理念相结合，探寻文庙蕴含的现代价值，兼收并蓄各种文化的长处，缔造中华文明的新高峰，继续为国家进步及中华民族的伟大复兴作出新的贡献。在全球治理体系改革和建设浪潮中，学术界加强儒学研究及传播，既可以树立文化自信，亦可为推动构建人类命运共同体提供中国智慧和中国力量，塑造中国文化的软实力。

重修建水学署碑记

学师鲁老先生，讳大儒，字两生，号近野，楚景陵望族也。由副榜拔贡筮仕安宁学正，调补建水学正。甫到任时，目击学署倾圮，逐申请府、州协修左侧斋房五间，并大门、仪门。复独力整葺启圣宫及诸垣墙，渐次完备。最可记者，惟景贤书院。昔洪武年间，地方初辟，文教未兴，有翰林院学士王公，讳景常，字景彰，号太原，一号括苍；副都御史韩公，讳宜可，字伯时，号五云者，开教临阳，多方启迪。自此科名迭盛，临人祠祀之。扁其额曰"景贤"。因丁亥变，祠宇虽毁，尚遗二公像，风雨飘摇，淋漓难堪。吾师恻然伤之，捐俸庀材，亲董仆役，重建书院三间，追塑二公原像，祠貌焕然一新，岁享春秋二祀。由是有吾师而王韩二公传，有王韩二公而吾师益传矣。矧师才擅淹博，学优经济，器宇豁达，仁爱明扬。莅任十载，勤月课恤，寒微振士，风扶名教。不数年而贤哲攸崇，人文蔚起，咸师之力也。且师屡擢优卷，接蒙学宪委署元江、开化、蒙自府县学篆，声名四溢。旌荐特闻，上优异之，选补西蜀。有司多士沐其教泽，佩其仪型，而德爱难忘。用是勒石，以志不朽云。

康熙十二年菊月，廪、增、附门生，举贡门生

马维调、王有望、曹登岸、周得所等时岁次乙卯

（杨丰校注：《建水文庙历代碑文选注》，第35页。）

重建明伦堂碑记

奉政大夫、四川分巡遵义道按察司佥事、郡人刘彪撰文

癸卯科乡贡进士杨中原书丹

丙午科乡贡进士黄士宪篆额

学之名，昉于三代。而堂必以"明伦"名者，以为礼法之地，讲艺之所。凡乡射饮酒、春秋合乐、养老劳民、尊贤使能、考艺选言之政，受成献馘之事，无不出于学，即无不出于其堂也。其制咸翼文庙而建者，盖圣学莫大乎伦，圣教亦莫大乎伦，故堂以是名，所以一学人之趋，明圣人之教也。伦明而后风俗正，教化行，治道于焉备矣。天下不可一日废伦，则不可一日废其堂。其所关者大，其为堂也重，惟赖有人以为之振兴耳。不有所以创之，何由兴？不有所以继之，何由久？惟有人以创之，有人以继之，始历世远而不废。句町为滇云上游，旧有明伦堂，自丁亥兵燹后，荡为丘墟。谒庙者欲登堂而致叹荒榛，欲扩讲席而兴嗟茂草，遂相置之而不问，过之而不顾者二十余年。

我公祖程公简授吾郡，恻然念，毅然任，曰："此司是邦者事也，堂不建则教何由兴，风何由一？予莅兹土，犹云待其人而俟之异日耶？虽工浩费巨，罔惜也。"爰辟荆榛，除瓦砾，躬履遗址，相度于其间，诹吉鸠工，凡木石瓴甓，不动公帑，不资众给，悉请以俸捐，且朝夕誓视规画，殚厥心经营，罄厥力建正堂三楹，头门、仪门各三楹，左右翼以斋房十四楹。梁栋桷桶，择其乃坚；黝垩甃石，课其乃良。经始于壬子之冬，告成于癸丑之夏。阅月而尊经阁、观水亭、名宦乡贤祠，亦随之次第竣。今跻其堂，岩岩乎规模雄伟，俾人动崇儒重道之思焉；翼翼乎体制庄雅，俾人怀械朴作人之盛焉；巍巍乎仪观炳耀，俾人仰思皇蔚起之休焉。自兹以往，临之孝友睦姻，有此堂以扬之；忠信节义，有此堂以褒之；乡饮燕射，有此堂以举之；论秀登良，荣名仕，有此堂以纪之；荡检越闲，移郊移遂，有此堂以

罚之。由是，而父与父言慈，子与子言孝。贤者益励于善，不肖者亦不安于不善。风俗自公而励，教化自公而广，非由兹堂自公而建哉！嗟乎！彼昧治体者，视学校、政事为两途，以兴贤育才之事为漠不相涉之务者，其视公为何如耶？夫不有所创，孰使之兴；不有所继，孰使之久。使物代迁易，丹楹委地，而讲席无存，栋宇斯摧，而鼓钟罔设，则盛事湮矣，讵能必其久而不敝。故曰："惟赖有其人为之振兴耳，后此有金玉为揉，光霁为襟，蠲繁别弊，不欲饰赫赫名，不乐矜煦煦惠。如公其人者，而留心于风俗乃尔乎？有催科宁拙，谳决宁出，仁爱廉谨，明不邻于苛，威不入于猛。如公其人者，而留心于教化乃尔乎？有笑不苟，言动是则，惇大厚重，评选佳文以课士，刊布乡约以训俗。如公其人者，于时势物力维艰之日，而加意于风俗教化乃尔乎？"郡人士、弟子员，庆其创之已成，而又虞来者之不相继也，请余为记，用镌诸珉，以告来哲而相与守之云。

康熙丙辰岁春吉旦

进士：阚福兆、万肃、魏殿元

举人：许申、马敬、李铭等

贡生：李芬、李斌、万民重等

武举：白王琛、丁文灿、杨枝秀等

生员：胡士会、王有望、曹中选等

（杨丰校注：《建水文庙历代碑文选注》，第35页。）

临安府建水州儒学为申请颁立卧碑以禀国典以重斯文事

康熙二十四年六月十四日，蒙本州故牒，康熙二十四年六月十一日奉本府信牌，康熙二十四年六月初九日奉护理云南督学道印务、广南府正堂加一级翁宪牌，康熙二十四年四月十八日奉绥远将军、总督云贵部院正一品蔡批，据本道呈详前事：窃惟学校为人材之本，朝廷培养士气，立教起化，无不由此而兴也。滇省处西南极边，自平定逆孽以后，将军部院、抚都院首重文教，以赞我皇上右文求治之至意，特疏请旨修学庙、学宫。而东西两迤之学宫，皆次第告成，诚盛事也。查生员卧碑，自顺治九年钦遵世祖敕颁诸条，刊立直省学内久矣。彼时滇南尚未入版图，所在学宫通行恐有未到，诸生无由凛遵，特请宪台扶植纪纲，培养风化。准将原颁卧碑八条行令滇省府州县卫各学之中，刊立碑版，晓示文武生员一体遵依，以垂永久，俾士习端而风化俗厚矣。为此抄录碑谕，呈乞照样奉批钦颁卧碑，有俾文教。滇省学宫告成，正宜垂训，仰道既通行各属，刊立晓示可也。仍候抚院详行缴抄碑存查。奉此，又奉巡抚云南都察院加六级王批：据本道详同前由，奉批刊设卧碑，乃教化首务如详，仰道通行各属一体刊立。俾士子遵依，以垂永久。仍将碑刻刷印，汇报缴册存案等因，行府仰州故牒儒学遵将刻立卧碑详由，并卧碑条约，备细刊石，以垂永久。

顺治九年钦颁晓示生员卧碑

朝廷设立学校，选取生员，免其丁粮，厚以廪膳，设学院、学道、学宫以教之，各衙门官以礼相待，全要养成贤才，以供朝廷之用。诸生皆当上报国恩，下立人品。所有条教，开列于后：

——生员之家，父母贤智者，子当受教；父母愚卤或有非为者，子既读书明理，当再三恳告，使父母不陷于危亡。

——生员立志，当学为忠臣清官。书史所载忠清事迹，务须互相讲究。凡利国爱民之事，更宜留心。

——生员居心忠厚正直，读书方有实用，出仕必作良吏；若心术邪刻，读书必无成就，为官必取祸患。行害人之事，往往自杀其身。常宜思省。

——生员不可干求官长，交结势要，希图进身。若果心善德全，上天知之，必加以福。

——生员必爱身忍性，凡有司官衙门不可轻入。如有切己之事，止许家人代告，不许干与他人词讼，他人亦不许牵连生员作证。

——生员当尊敬先生。若讲说，皆须诚心听受。如有不明，从容再问，毋妄行辩难。为师者亦当尽心教训，勿致怠惰。

——军民一切利病，不许生员上书陈言。如有一言建白，以违制论，黜革治罪。

——生员不许纠党，多人立盟结社，把持官府，武断乡曲。所作文字，不许妄行刊刻。违者听提调官治罪。

临安府知府黄明 同知王俊

建水州知州刘挺

临安府儒学训导王鸿统

建水州儒学学正蔡珩

临安府经历司经历陈士铨

临安府建水州吏目胡纶

康熙二十四年八月望日立

（杨丰校注：《建水文庙历代碑文选注》，第35页。）

临安府儒学为查报义田等事

康熙二十二年正月二十日，奉本府信牌前事，康熙三十年十二月二十八日奉布政使司批，据前府详："据本府儒学杨邠俊申详前事缘由到府，据此该本府复查得府学学田二项，前于康熙三十年三月内，奉宪发达部底册内开，此项学田据该学报称，康熙三年裁学归府，先任临安府刘弘献捐作学田，其额粮载入建水州全书之内。每年除纳正供外，又收学租银三十八两三钱二分，解贮府库，支给教官、生儒会文月课薪水之费。并无官吏隐匿侵占，不便复入全书，致滋一田二赋应请仍留府学，入以供会文月课之资等因，发册下府，遵即抄发该学，照造报府，转报在案。今奉宪批牌内事理，遵即备行本府儒学查详去后。兹据该学杨邠俊详称，备查原案除将二十九、三十两年已解学宪之银，伏候酌夺遵行。独是临安府学学田原额秋粮正赋，前明在任学员置买之时，原系有赋民田。康照十年间，前抚院李请旨躐丈，亦照建水州民田一例丈量升科，业已现在全书，每年按数输纳。巫请妥酌照旧输纳。又如叠解学租银两，旧制原无康熙三年裁学归府，前任本府刘守除纳赋外，将余谷变价银三十八两三钱二分解报。复设教员不即声明，斯成新增之款，大为叠累，一田两赋，所当亟请妥酌，咨明内部，免入全书，以吁蠲除改正缘由前来，相应据详转详，仰祈宪恩俯赐妥酌，转请咨达施行等因，呈详奉批，仰候汇转缴，奉此拟合行知为此牌，仰本府儒学遵照。详奉宪批事理，知照施行。又于康熙三十二年二月二十四日，奉本府信牌前事，康熙三十二年二月二十二日奉布政使司信牌，康熙三十二年二月初六日奉总督云贵部院加四级范批，据本司道呈详："滇省义田租谷银米，二十九年原未令其收贮，亦应请免至三十、三十一年银谷收贮仓库，听候备赈。伏候咨部迅赐示复，庶便造册详达缘由。该本司会同粮储道查年得义田一项，于康熙二十九年五月内奉宪准咨行，查遵奉通行各属，查明滇省共义学田地一十七顷一十二亩七分九厘零，又夷田三段，共收租谷七百二十石一斗二升，学租银七十四两九钱九分五厘，内租谷七百石一斗二升，租银三十八两三钱二分。田地额粮原在全书之内不便，又将租谷银复入全书，以致一田二赋，应请将阿迷、腾越、镇南、定远四州县租谷五百七十六石一斗二升收贮义仓，遇有荒歉，赈济饥民。嵩明州租谷二十六石，景东府租谷九十八石，临安府租银三十八两三钱二分，仍留充各学生童读书并修葺学宫、诸生月课之资。顺宁、蒙化、景东三府租银三十六两六钱七分五厘，并租谷二十石折银七两，田地额粮未载全书，应行增入，解赴提学道，散给廪生、贫士等因，于康熙三十年二月内分晰造册，详请具题在案，未奉部覆。今于康熙三十一年八月二十四日奉宪准咨行，令将此义田载入全书，所收银米于二十九年为始，照数收贮仓库，遇有荒欠，赈济饥民，年终造册送部等因。行据嵩明、临安、阿迷、腾越、镇南、定远等府州县并景东府之塘窑、开南田地详：额粮原在全书之内，今若又将租谷增入，则系一田二赋矣，应请免入全书。其嵩明州租谷二十六石，临安府租银三十八两三钱二分，景东府租谷九十八石，仍留各属，以充各学延师、会文、月课、修葺学宫之资。阿迷州租谷八十七石，腾越州租谷四百二十八石六升，镇南州租谷三十石五斗三升，定远县租谷三十石五斗三升，遵奉收贮义仓备赈。其腾越、镇南二十九年租谷，于未奉文之前，业已照旧例支用无存，应请邀免。又据顺宁、蒙化二府并景东府之南沧、井蛮等村田地详称：额粮原未载入全书，今遵奉增造，共收租银三十六两六钱七分五厘，并景东府租谷二十石折银七两，前议解赴提学道，散给廪生、贫士，相应详请，伏候宪台复核，咨部迅赐示覆，庶便造册，详达施行等因，奉批抑候抚督院批示缴，奉此又于本年二月初七日奉巡抚云南都察院加十级王批，据本司道详同前由，奉批仰候咨部请示，仍候督部院批示缴等因，奉此拟合就行行为此牌，仰该府官吏遵照，即便转行各属知照施行等因，奉此拟合就行为此牌，仰儒学遵照宪批牌内事理，即便知照施行。又于康熙三十二年七月二十日奉本府信牌前事，康熙三十二年七月十八日奉布政使司信牌，康熙三十二年七月初三日奉巡抚云南都察院加十级王宪牌，康熙二十二年七月初二日奉户部咨开，云南清吏司案呈，查得先经云抚王咨称：滇省除昆明等州县并无义田，惟嵩明等州县通共查出及新报义田地一十七顷一十二亩七分零，并夷田三段，每年共收租谷七百二十石一斗二升，银七十四两九钱九分零，或供各学生童读书支费，或助贫民口粮，或修葺学宫等项之费请示等因，本部查康熙二十九年三月内，浙江学院周疏称：此项义田载列全书，责令该地方官每年收贮，遇有荒欠，可以赈济饥民，或归并学租项下，亦可增给贫士等因具题，本部令：义田所征银米，每年收贮，遇荒赈济，复准在案，应行该抚将此义田载入全书，所征银米于二十九年为始，照数收贮仓库，遇有荒款，赈济饥民，年终造册送部查核。去后今云抚王咨称：滇省义学等田，共收租谷七百二十石一斗二升，租银七十四两九钱九分五厘，内有租谷七百石一斗二升，临安府租银三十八两三钱二分，粮条原载全书。惟顺宁、蒙化、景东三府内，有租银三十六两六钱七分五厘，租谷三十石折银七两，未入全书，应照例增入。嵩明、景东等府属租银谷一百二十四石，临安租银三十八两三钱二分，又系前明官儒捐资公买，存留在学之田，以供月课等项之用。且原额粮条已载全书，若再重入，则一田二赋，仍请留学供用，不便改入义仓。至阿迷等府属共租谷五百九十六石一斗二升，租银三十六两六钱七分五厘，部议贮仓备赈。但二十九年所收银谷，除阿迷、定远二县租谷一百一十七石五斗三升尚存外，其余各属已于未奉之先，照旧例支用无存，应请邀免。其三十、三十一年银谷，收贮仓库，听候备赈等因前来，查滇省义学等田，该抚既称查明，应如所请，向贮义仓者，照数贮仓备赈。其嵩明、景东、临安等府属，既系官儒公买存学之田，不便改入义仓，以致一田二赋，其二十九年所收银谷，未奉文之先，照旧例散给无存，应无庸议，为此合咨前去查照施行等因。咨移到本院，准此拟合就行为此牌，仰该司官吏查照，牌内准部咨事理，即将滇省各学等田，向贮义仓者，照数贮仓备赈。其嵩明、临安、景东等府属公买之田，所收银谷，未奉文之先，照旧例散给无存之处，均无庸议，等因奉此拟合就行为此牌，仰该府官吏查照。牌内备奉宪行准部咨事理，毋得有违。等因，奉此，拟合就行为此牌，仰儒学查照，备奉宪行准部咨事理，即便知照施行，毋得有违。须至牌者。

康熙三十二年七月二十日

临安府儒学教授杨邠俊 临安府儒学训导施润仝立石

（杨丰校注：《建水文庙历代碑文选注》，第50—54页。）

临安府科甲题名碑记

国家右文之治，驾轶前代，临阳科目之盛，尤冠于滇。一时师师济济，皆德行、文章、政事之流。其治功是传，而其人之姓氏不传可乎？传矣而不要之久可乎？夫传之而可久者，莫善于铭之石。学宫之有题名碑，即传而可久之意也。虽其人炳耀宇宙者，或德行，或文章，或政事未可以一题名而足然。而姓氏传则其人之德行、文章、政事将与之俱传，何也？旷世相感，千载同惜，必有因名考绩者曰：若者以德行著，若者以文章著，若者以政事著。则传姓氏者，即传其人之德行、文章、政事也。题名碑之设，岂虚具载。余于癸酉岁捐修学宫，以甲戌告竣。诸缙绅又以题名碑为请。余阅前石，乃知题名始于明之永乐辛卯，止于明之嘉靖丙午。其后未经镌刻，湮没者不可胜数。于是考列科第，叙次后先，自前明者续与旧碑之末，而旧碑未能尽载者，与我朝开科以来诸贤同勒一石。盖时有古今，人分先后，同出于学则一也。且欲令甲乙之序秩然相接，俾论世者便于考详，不致遗越耳。夫既往者可定，而将来者可期。后之继起者未可量，而今之乘时者何可量。兹则镂其已然，以俟其未然而已。若夫德行、文章、政事将有与名而俱传，以光辉斯石者，余尤乐观其盛云。

中宪大夫、临安府知府加一级、钟山王永羲撰

临安府儒学教授杨邠俊 训导单国瑾

建水州儒学学正陈万言 训导李联泰

康熙三十三年甲戌季冬吉旦

（杨丰校注：《建水文庙历代碑文选注》，第59页。）

重建元江府儒学公署记

辛酉乡贡进士建水叶涞撰

庚午乡贡进士、候选知县、句町侯方夏书

学校王政之本，先王所以造士者，虽荒服遐陬，四方万里之外，莫不有学士之入庠序者，皆得释奠先师，岁时观礼，俨然陶渊之遗意焉。积之既久，其效至于教化行而风俗成，为上者慎选师儒教之。其为尊礼之者，不烦以他职事其地，暇其望尊，俾得一志于训迪为之，士者藏修息游，见异不迁。学犹肆也，师之所教与弟子之所学，有其地焉，无纷营也。宋元以降，更增置书院，山长司之。于先贤遗迹名胜之区，萃而讲业。四方之士，闻风愿往焉。虽代有兴替，要以俟诸其人。若夫锋燧之余，鞠为茂草久矣。自非信道之笃，而立志卓然者，孰能有所兴起乎？

元江为镇迤东郡，明初始建学，临安九属士皆得与焉。旧有学署在临安郡学东。往例元士贡于廷，岁以南北递荐，时称为北学。其西百余武王、韩二先生读书台也。丁亥寇陷郡，学署遂废。博士往止，恒僦居他所。弟子员以学事往集，亦如，南枝北林，茫无所定。河阳施公来视学事，毅然复之，具详报，可前后为堂各三楹，缭以周垣。凡蠲金若干，不以累诸士。复请之当事，春秋皆与祭学宫，遂为絜令，士始与有事之荣，而思乐之颂声作矣。今年公迁邑令，将去，元庠士虑诊于余曰："事创始难，复古尤难。况其在学校典礼之大者乎，请为记。"余以谓致治之本在乎学。程子曰："治天下以正风俗得贤才为本。"三代而下，虽有瑰奇英异之才，非出于学则建竖多未醇。至倡率而振兴之者，非其人不为功。公学优行洁，为时仰重，初教大理，继教元江，皆汲汲以正学为务，表章先贤之书，其教诸生务以古人为法，士亲而敬之，胥庆得师矣。其教泽在点苍、玉台之间，乃不怵于强御，不狃于积习，数十年久湮之制焕然复振，非信道笃而立志卓者，其孰能之语有之。师者，表也。士者，景也。表立而景赴焉。且可为者。时也；集事者，机也；必成

234 | 235

者，断也。使世之仕者，能如公以兴行教化为己任，则必不安于因循苟且之习，而古道可渐复矣。自是讲习有也，趋向有方，如登邹鲁之堂，景行在望，将必有灼然于义利之辨，而以圣贤为可学而至者，不将与中州比烈哉？而非公倡率化道之功不至此。或曰："元距临三百余里，于临置学署制欤？"曰："郡乘载之，盖学校之地以教为职，非若他有司之责，以官守画地而限者也。元之士强半皆临属之士，临而教之，其地益亲，其教尤易行矣。"

朝廷监诸往代增置学员，所以教之者无不至，岂徒以润色太平哉？期以收作人之效，而臻化成之盛耳。后之继公者，念兴复之难，古制之不可废，谨而葺之，岂徒二三子之幸，抑永为学校之光。昔元既建学广南，仿其例以临庠儒童充附，余得稽往事附记之，以见广励学宫，嘉惠远人之至意云。公名发甲，字赢仙，河阳人，甲子乡进士，今升真定、灵寿令，吾滇广文以卓异擢令尹者自公始。

时康熙三十四年岁乙亥十月上浣之吉

临安府教授杨邠俊 训导单国瑾

建水州学正陈万言 训导李联泰

元江府训导黄门㫋

（杨丰校注：《建水文庙历代碑文选注》，第60—62页。）

提督云南通省学政翰林院检讨魏大宗师德政碑记

国家文治，骎骎乎日盛。宾兴之典，越在荒徼，皆得一时并举。而其先特严，科试之令非第陟优斥劣，若岁试劝惩已也。司衡者期以鉴拔之明，豫罗真士。而有志者，亦希伸一日之长，为秋捷先声。而吾滇之鼓舞振兴，则不自今科试始然也。天子加意远人，特简我学院魏大宗师提督全省，师以海内宗工，蔚望于玉堂青琐间。持节来清明公正，一檄而两迤学政肃然振、丕然变，盖奉行者已不敢视为寻常具文，而闻风者耳目一新也。迨岁试亲临，道貌蔼如，丰仪峻整，不特荐绅、僚属凛凛于拜谒之下，而白叟黄童，扶仗引领，各欣欣有得于听睹者。其间如绝贿赂，而夤缘者无门；杜情面，而请托者屏迹。文风士气蒸蒸乎为尔来所未有。都人士争刻石于郡之明伦堂。谓师实心实政，洽于胶庠也。一时拔毛连茹，有一顾空群之感。盖昔虑真才之不见取，今且虑真才之不敷所取矣。风励所及，举从前之厄于遇、废于贫者，转争濯磨。咸谓知遇有真，时命无权，今科试复举。临属录送童生，一学有多至七八百名不止，而犹分寄于元，拥挤于开，人才之盛，未有如今日者。甫下车，复悬示：国门怜才，恐汲引之不周，除弊恐根株之不尽。恻恻倾吐于八百八十字中，虚耳探听，反复丁宁，一刑一赏，与众共之观听者，络绎其下，匪特荐绅士庶，叹昔所未有。即下逮贩夫屠儿，亦啧啧称耳所未闻。其在单寒，并不知涕泗之何从也。虽有怀赍缘请托而来者，潜消于服教畏神之下。而平日真积力学之士，益各各得所自信。榜发之日，证诸明示，一一不爽，其赏识鉴拔者，悉符人心所豫定，斯文之庆，真千载一时矣。自兹以往，父教其子，兄勉其弟，宁第知读书之有用，且共鄙奔竞之可羞。风之所被，廉顽立懦，是大有功于世教人心者也。生等受恩之深，感颂忘言，复不敢以不文托之名公巨笔，谨述两试亲见亲闻，及明示所颁勒之于学，俾得朝夕瞻对，与我诸生辈饬廉隅，务实学，交相劝勉，求无愧于门墙，庶几以服教之诚，为报德之万一云尔。

时康熙丁亥岁季冬月吉旦

临元开三府属儒学生童敬勒石

（杨丰校注：《建水文庙历代碑文选注》，第67—68页。）

临安府儒学历科武乡会题名碑记

自学校设而乡射、礼文、受成、执讯之事，无不毕出于学，其在《诗》曰："在泮献馘"，是已后世学之盛也。桥门观听，簪组疏荣，飞骑期门，授经肄业，凡以揆文奋武，其原未尝分，而其致用，未始不一也。按武科之设，昉于汉，详于有宋。及明，士之膺是选者，往往以功名著称。万里干城之寄，盖自匡居鼓箧始。本朝诞受景命，以武功定天下，以文德致太平。声教覃敷，无远弗届。滇最后隶版图，康熙丙午始行武试。其制与乡举并重焉。顷巡抚大中丞石公，念滇南人才日盛，文武两闱题增解额，奉俞旨增至四十二人。其兴贤育才之心甚盛也。句町为滇文献地，人才甲于他郡。每科膺荐者相望，有"一榜半临阳"之称，得士之盛，前此未有。圣天子久道化成，兼资经纬。而先后守土者，承宣德意，教养有加，宜乎才隽蔚起若斯也。顾文士之荐贤书者，久镌石题名学宫，而赳桓之彦，历数十年来若有待者，诸士砺珉以请，且属记以弁其首。予谓国家之制，自诸司以逮，科目类有题名，讵独使姓字之不可湮灭，抑亦劝惩之义备焉。虽然上以实求，下必以实应，是以阅礼敦诗著称，儒帅登坛靖远，浒历台司，昔贤建竖非常，炳诸史册，讵异人任耶？诸士厕名其间，毅然以自期许，寓折冲于樽俎，明礼让于韬铃，储于居恒，试之异日，其用裕如也。然则沈沔渌之碑，勒燕然之石，麟阁相望，自命千秋，将以上副作人之盛心，下不负生平之所学。独巍然片碣，照耀璧宫泮水间耶。予将咏鹰扬之什，与虎臣之章，为诸士纪其盛焉。

中宪大夫、临安府知府加一级、钟山王永羲撰

奉直大夫、建水州知州加二级、古绛张鼎昌书

临安府儒学教授杨邲俊、赵炜 训导单国瑾、施润

建水州儒学学正陈万言、缪守仁 训导李联泰、钱经国

康熙三十八年乙卯岁中秋月吉旦

（杨丰校注：《建水文庙历代碑文选注》，第63—64页。）

临安府建水州岁贡士题名碑记

夫拔民之秀，而备朝廷公辅奔走之用者，士也。汉、唐、宋之世，取士不一。曰"秀才"，曰"异等"，曰"进士"，曰"经明行修"，皆拔诸士而进于朝统，而名之曰"贡士"。亦如土地有长物焉，不敢私贡之天子而已耳。元、明以来，士以文进。其途有三，曰"科贡甲"：荐于岁者曰"岁贡士"；荐于乡者曰"乡贡士"；天子临轩而问之，会于礼部者曰"策试贡士"，凡以云"进士"也。我朝用人之法，兼善前代，而取士之途因之，曰"明经"，曰"举人"，曰"进士"，其实皆贡士也。夫由其名之别以等士之阶，则明经之与举人与进士似有间矣。然有经不明而可举人、进士者乎？又有经明矣，而尚不可举人、进士者乎？时也建自元、明至

今，科甲皆有题名碑记。唯贡士无征，宁非缺典，今州守陈侯由大中丞命编辑郡志，科甲两途，缘碑录无遗，而岁贡士备极搜罗，尚多缺漏，得非诸先正雅自谦，抑不事标榜乎？然而疏矣。吾临人才鹊起，媲美中州，而通志人物之选，首推张伯兴先生。伯兴先生，贡士也。士期自振拔耳，科贡甲何有焉。因约我同志竖题名碑，遂为之记。

赐进士第截取知县、郡后学曾昕撰文

敕授文林郎、山东衮州府峄县知县、山东己卯科乡试同考辛酉科中式第一名举人、郡后学赵节书丹

特授文林郎、湖广黄州府蕲水县知县、湖广戊子科乡试同考庚午科中式第二名举人、今行取郡后学侯方夏篆额

康熙五十一年壬辰中秋月吉旦

（杨丰校注：《建水文庙历代碑文选注》，第69—70页。）

重立临建贡士题名碑记

临为人文渊薮，科第甲于东迤，名载丰碑，历历可数，其明经而射策者，亦刊贞珉于学，用以光前烈，示来许，甚盛举也。第自康熙壬辰建树，阅今几四十年，题名殆遍。而后之贡于廷者，已无地可容矣。噫！不有以续，何由继盛。余方事图维，适戊辰岁案，贡租有余粟节缩而存，将把注科案贡租之盈绌者，今贡士请以其余制碑于学，以续盛轨，由司铎陈清于余，余深嘉其志，而可其行。遂庀石鸠工，采其晶莹，广其尺度，磨攻错，瑰伟屹若，于嘉平月上浣吉，竖于府学明伦堂之西偏。凡临、建两庠恩、拔、岁贡，与建水籍而寄出他庠，未经题名于石者，搜罗序次而登之。俾无遗而有考，以觇人文之盛焉。若优行一途，前碑未载，钦惟圣天子辟门吁俊，乡举里选，不一其途，两庠之预是选而名列成均者，非若副车得与科第碑末厕名明经，以补前人所未备，亦何不可继今以往，自必有克绍前徽，源源勿替。则此碑之重建，未始非继往开来之意也。爰为记。

特调中宪大夫知临安府事邓士灿撰文

奉直大夫知建水州事程近仁书丹

临安府儒学教授戴国宪 训导李朝勋

建水州儒学学正杨元亭 训导王长春同立

乾隆己巳年季冬月谷旦

（杨丰校注：《建水文庙历代碑文选注》，第119页。）

续建武科乡会试题名碑序

国家有文事，兼有武备。文武原并重也。句町为滇文献地，人才甲于诸郡。赳桓之彦，每科指不胜屈，骎骎与文士等。顾文士之荐贤书者，先后勒石学宫，以垂不朽。武科何独不然？己酉前，弟弗深考，其所标题皆不虚。嗣后，英隽蔚起，历十有四科。某某射策，某某拔帜，其科目姓氏，言者弗详。余谒先师，适多士砺石以待，请记于余，余因之有感矣。夫士之题名于学者，匪徒使姓字之不容湮灭，抑亦有劝善之微意寓焉。自古豪杰说礼敦教诗，爰称儒将。登坛寄阃，不愧名臣士，诚厚自期许，折冲离于樽俎，礼让试于韬钤，将有猷有为。云台与兰台齐辉，麟阁偕凤阁并美。娘娘炳炳，堪以流芳奕世者。固不恃区区片石，照人耳目也。然而先进因之而光，后学因之而励，并俾后之人采访入志，得所依据者，又何必不赖此巍然贞珉以传千秋之盛事哉。是为记。

诰授奉直大夫、护理临安府印务、建水州知州加三级纪录六次、桐城吴元念撰文

护理临安府同知、宁州知州陈朝晋

临安府儒学教授董聪 建水州儒学学正李裕齐

临安府儒学训导李人文 建水州儒学训导袁甲

署临安府经历、建水州吏目丁翼圣

乾隆二十七年岁次壬午孟春月吉旦

（杨丰校注：《建水文庙历代碑文选注》，第130页。）

重建礼门义路石坊碑记

今，天下群知向学矣。顾欲为学，先辨门路。门路何在？礼义是也。进礼退义，传之尼山。门路之说，则自孟氏揭之而礼义大明于天下。迄今庙学规制，必有礼门义路之设。非徒以壮观瞻，抑亦示学者以趋向也。临安郡庙学，大门外旧有"礼门""义路"二坊，在泮池上，东西行列，与"太和元气"坊遥映。其制也古，而旋以兵废，距今百有余年矣。岁癸未，郡人士聚而咨曰："庙学之有礼门、义路，天制也，宁吾郡独缺？前此太和元气坊渐圮，太守栗公新之。台基浅促，乡先达培土而礧以石。今二坊未复，系吾侪之任。且，前以木，故废。今易以石。"于是相与请诸当事，咸报可捐俸为倡，而邦人亦乐输焉。乃命匠氏凿山骨，琢之、磨之、雕之、镂之。经始于癸未冬十月，洎甲申夏始告成。狮蹲象踞，堆琼砌瑶。前壮"太和"之势，近束石栏之形。从衢外遥望，衣冠往来若出云阶月窟中。千顷文波得此点缀，天然画图也。乃索余言以为记。余惟天地之间，理一而已。自其秩然列之，谓之礼；自其行而宜之，谓之义。礼义者，无形之门路也。今必求所谓门路者，而以礼义实之。则其视理也亦滞然，无形之门路，以有形揭之。俾天下咸晓然于出入，率由是亦不可以已者。今二坊之建，能复百年未复之典，且视之益坚。从此窥美富者，有路可寻，有门可入，不至循墙而走。其有功名教，非浅鲜矣。吾临，固礼义之邦也，沐圣朝德化百二十年，家习孔孟，守矩矱，耻荡佚。即以今建坊论，兼金尺璧，争趋乐输。虽清修之士，无不施斋盐之费，以勤厥成。岂非好礼慕义之心使然哉。竖坊时，飞雉来集，文明瑞应，天人感召，理不容诬。余深嘉而乐道之。继自今吾乡虽入是门，由是路，无从夫旁窦，无惑于他岐，于以优入圣域，此尤余所惓惓而不能忘者。是役也，外建两坊，更于大成门前补加栏楯，计费镪四百有奇。倡其议者，文学彦周子熙、万子倬。襄其事者，王子堂桂、杨子一揆、赵子贵、刘子天文、杨子绳武、何子乃谦。董其成者，孝廉严君□、武君杨祖。而规画终始，奔走朝夕，寒暑弗辍，则武君力尤多。余故详书颠末，并纪诸君绩，以劝后之继起者。

赐进士出身、诰授奉旨大夫、直隶遵化州知州、郡人薛天培撰文

学生杨一揆书丹

大清乾隆二十九年甲申季夏月吉旦

（杨丰校注：《建水文庙历代碑文选注》，第131—132页。）

临安府建水五次题名碑记

南中人文，临阳为最。溯前明以逮我国朝，临安及建水两学甲乙科题名之碑，历经四建郡学棂星门外。嘉靖丁未有推官杨公翔之碑载：永乐辛卯至隆庆庚午，凡百有四十三人。康熙甲戌有郡守王公永義之碑载：万历癸酉至康熙癸酉，凡百有七十一人。可谓盛矣！嗣是建水明伦堂东西屹立两碑，东载康熙丙子至乾隆甲子，则督学孙公人龙镌于乾隆戊午。后复增以二科，凡进有九十九人；西载乾隆丁卯至乾隆己酉，则护守吴公元念镌于乾隆壬午，后复增以十三科，凡百有二十五人。於戏！何盛至斯哉。迄自乾隆壬子、甲寅、己卯及嘉庆戊午、庚申以来，数科累累登进者，前碑迄无旷位可书矣。临之绅士咸曰："莫为耆石而续纪之，曷以劝后进？"于是鸠工有日，而以其记来问于余。窃惟天启文运，历久而新。地毓人才，乘时而见。昔王学士奎谓：此邦山明水秀，胚胎人物，精灵有加。又师友之渊源，足以振之。贤达之风节，足以维之。所由腾采骞芳，后先相望，至今中州士大夫每艳称其盛，比之邹鲁，不虚也。然余亦厚有属焉：由兹以往，起家通籍，列姓氏于是碑者，追陪前哲，建白昌时，登殿墀为文学之臣，守疆土懋贤良之绩，出处进退，不愧科名。俾后人摩挲低徊，有所感发，不荣其遭逢之幸，而荣其庆誉之章。然后知诸君子是举之行，匪第观美一时，夸耀于宗族乡党也。是为记。

赐进士出身朝议大夫、知临安府事、前吏部考工司郎中、钦点

已酉科陕西正主考官、古皖江浚源撰文

嘉庆五年岁次庚申孟冬月吉旦

（杨丰校注：《建水文庙历代碑文选注》，第139—140页。）

整饬建水乡会试田记

余始至临安，则闻此邦士耆多敦本嗜义之为。而建水乡会试田为尤善，有育才锡类之遗意焉。稽其肇事之始，以郡城艮方岩洞，依形家言，议建石塔培土风。以工巨费绌，而未成也。邑先达薛簪山刺史，检用存七十余金，与同志诸君子运筹积羡。至乾隆甲申岁，已得千五百金，亦綦勤矣。其时祁莘民、张树亭两刺史复议，以谓塔之成，非万金不可，岂旦暮能致。吾邑继起英髦、三年宾兴、与公车都下者，每以力绌裹足，曷量筹资助壮厥行色，以异甲第联翩之盛乎。于是购田科租，慎择司事，并心一志，日增月廓，此建水乡会之田所以称盛也。昔范文正公置常稔之田千亩，赡济族人，择属之长而贤者主其计，而时其出纳仕而居官者罢莫给，盖有深意焉。今建水乡会试田，赡及阖邑之士，而特于应举待仕者润膏秣而导之先路。所赖诸君子之长而贤者，司其计而出纳之有道，则几绩学以待用者，孰不鼓舞奋兴，以应国家桢干之选乎。今年春，余偶咨询其事，因知前辈之长而贤者次第凋谢，原置田租数为佃氓干没，存者租九十石，仅足原数之半。前辈美意良法，渐至陵夷衰微，为可惜也。余乃设格令，稍为别厘衰积，俾复旧额，并嘱此日之贤而次长者若而人，叠主其计，而别为纠检稽核之法，条列如左。庶几试田可以永存而益扩，而誉髦斯士济济皇路者，且日见其增盛也欤！

时乾隆五十有七年壬子五月中瀚，知临安府事、武功张玉树识

条规试田坐落租数粮价备载印册

阖邑绅士立石

（杨丰校注：《建水文庙历代碑文选注》，第133—134页。）

建水岁科试田碑记

建治介在南服，人文称盛，不异于中州。论者谓光岳之灵，磅礴茂积，而魁奇材德之士，多挺生其间也。窃尝指事求之，其咸能勉力向学交相鼓舞，以至于成者，则诸君子风劝培养之勤，其功不为细，予昔初莅临安，延问建邑绅耆，知有所

谓乡会试田者，每叹此邦人才辈出，争自濯磨，宜不藉区区然后兴起，而诸君子犹且偕率同志，引披殷举，法甚良而谊甚美，凡百寒畯，宁不益感而就备昌时哉。张生沛者，亦向之经理乡会试田者也。一日，复举其父翁祚起之义事来谂于予曰："方生父之建存也，念建水文生凡遇岁科之试，备卷填册，其赀用当亦有自取给焉，令陆续捐置田，积累以至今日，通计三岁，谷石之入足供两试卷册之需，业于上届酌定规条，无论新旧诸生概为资送。顾生父则既殁矣，闻其久而不可为常也，敢丐一言勒之石。"子闻之而欣然动也，曰："是亦彷乡会试田之遗音而行焉者乎。然又思乡会试田，生与阖邑之善士会同而经理之，则众力之易为功也，而于岁科试田之设，独出一家一人之力，专任而不疑且恻恻焉。以其上承先人之绪，而求为可继，俾垂示于将来，则其欲恢广懿，施及儒素，载德无穷，洵乎志之，所存者厚，所期者远。而积善之家，必食其报，其亦不待揣称，而知予于事之无关劝戒者，不敢妄为之说也。兹有赋于张生之言，于是乎记。

皇清乾隆六十年岁次乙卯季春月上浣之吉知临安府事皖江

江浚源记

署临安府建水县知县杨镐 署训导杨名扬

临安府儒学教授杨廷栋 训导杨□

建水县儒学教谕王皙

（杨丰校注：《建水文庙历代碑文选注》，第135页。）

谨遵恪守

　　特授临安府正堂加四级记录八次江，为厘定考试卷绅价值，以除需索积弊事：照得岁科两试，为寒畯登进之阶。临属州县，相距郡城动经二三百里，应试童生途遥费繁，资斧已非易易。所需卷结价银，难容违例多取。兹查临属嶍峨一县而外，各处并无议有在郡办考经费。历来州县礼书收取童生卷价，往往藉棚场应募夫役饭食，并灯油、纸张等项，以及门斗各使费为词，每卷一本竟索钱至二三百文，每供绅一套索钱六七十文至一百文不等。闻之殊堪愤懑。该士子青灯咕哔，寒苦居多，何可以有限之资漫饱胥役无餍之欲。本府现已查明，向日门斗各项陋规，尽行禁革，合极酌定价值，示谕遵行。为此，示仰府属各州县应试文童，及礼书人等知悉：凡赴买正考试卷，按例每本给价银三分，每供绅一套给银一分二厘。如以钱买取，即照市价给钱，不得稍涉争竞。该礼书等更不得仍藉考棚经费为名，任意多索。如敢故违，许该童生扭禀本府，以凭究惩。本府言出法随，断不宽贷，其各凛遵毋违。特示。

右示给八属童生立石遵守。

嘉庆元年三月初八日给告示

合邑绅衿童生公立

（杨丰校注：《建水文庙历代碑文选注》，第136页。）

建水岁科试田记

临安于滇为边郡，而建水则临郡首邑。自明以来，科第称盛，说者谓寓公王、韩之教使然。实亦诸乡耆扶掖而奖励之者，不为无助。虽人才之振兴不必藉此区区，而各尽其心与力，亦有足多者。余来守临，访知建邑多善举，而总会于育婴典舍，司事；廪膳谨愿人也，慰留之久，而知生家秩事。乡会试田，邑之盛举。岁科试田则仿而行之者也。岁收租石，以供阖邑诸生卷册之费。凡邑之应试者，人人取给焉。乡会试田赀巨而集自众人。岁科试田，则前后出张氏一家之力。先是廪膳之曾祖讳沛，为邑庠生。沛父柞起翁，实经始其事。沛丐郡守江岷雨先生为之记。时乾隆乙卯也。又四十年，道光乙未，沛之孙、增广生进阶续捐大法坞田岁租一百二十石，然后经费充然有余。进阶，廪膳之伯父也。廪膳不忘先人之美，欲得予文以记之。予考江公作记之年，逮今周一甲子，此六十年中，学使者按试来临，岁科各以二十计，综试田所捐给卷将盈万，则在建库，盖人人分其惠矣。夫见善则为，无所择也。惟施欲博而财有所限，不能不择原夫张氏捐田之初心，岂尝有所择而为之。而统前后以观，虽使善择者代为谋，亦无逾于此焉。年阅六十，代更五世，张氏舍其田，张氏不啻有其田，况自今以往，所为日引月长，沾润更无穷乎？

予亟欲表彰之，以为他邑劝也。

前翰林院编修、国吏馆提调、武英殿协修、掌贵州道监察御史、

癸丑科会试同考试官、知临安府事上元方俊撰

署建水县知县黄培林

临安府教授杨文举 训导赵晖

建水县教谕凌桂章 训导杨吉士

咸丰五年岁次乙卯仲科月阖邑绅士仝立

（杨丰校注：《建水文庙历代碑文选注》，第147页。）

尊经阁碑记

　　阁以尊经名，崇圣道也。道具前圣一心，著之于经，必有后圣者作兼君师之位，当制作之任，阐明宣朗。然后经益以尊，道益以著，足以扶世导民，归于皇极，肆惟皇明，抚运列圣。代作御制《大诰》三编，及《五经四书》《性理大全》《为善阴骘》《孝顺事实》《五伦书要》，皆所以尊经崇道而大有补于世教。故以云南六诏荒服之外，亦必创学立师，颁布书籍，作新士类，载斯文之大幸也。

　　临安在边逸东，地大形胜，丕振士风，庙学之建盖亦有年。宣德间，前监察御史赖公瑛出守兹郡，于明伦堂后始建一阁，扁曰"尊经"。贮书于上，意亦勤矣。历年兹久，风雨震凌，殆莫可支。天顺癸未秋，贵阳周公瑛由名进士历秋官副郎，拜命来知府事。首先诣学谒庙，周览寰视，慨此阁之倾圮，势弗容缓。亟捐俸赀为倡，诸在官者和而应之。鸠工庀材，卜日兴作，撤旧继新，扩隘为宏。前接以楹，旁夹以室，阁之四壁复图绘前贤刻苦好学之迹，励厥后进。落成之日，同知云中刘公文疏其事，求文勒诸石。於戏！仰体圣朝崇道尊经之意修阁，诸书长编巨册插架堆案，袭芸香于四座，蔼弦诵于一区，兴学劝士如此，郡守之职尽矣。游兹学者，宁不知所以然，则于经愈尊，于道愈崇，于国家建学立师之恩，庶不负矣。历书此，以俟。

（雍正《建水州志》卷十五）

建水文庙研究

临安府儒学新置圣朝祭器碑记

《礼》称：上丁释奠，天子率公卿诸侯大夫亲往视之。夫以师道之尊一，举事至勤，无亦虑有司之不虔，假或器物敝坏，牲酒瘠泠，即无以达诚将敬而称尊师重道至意。故礼必尽物尽志，而后诚敬之道备焉。今之郡县即古侯国也，郡大夫即古诸侯也。至圣先师之祀业遍寰区，而岁时二丁致祭，有司循行，故事脯、醢、粢，盛取其成数，求所谓牺、象、樽、罍、笾豆、簠、簋告备告洁者，盖戛戛其难哉！宪副黄公龙光初莅临郡，谒庙后，即启圣像于廊庑沙砾间，崇奉尊经阁中，继复捐俸葺治学宫，轮奂具在。瞻仰及往见会城，见制府范公、抚军王公所倡置云南郡学礼乐诸器，诸生以时肄习。每逢上丁陈献，辉煌霅煜，俨然如见美富当年，因慨然曰："云南于滇为首善，而人物之盛则首数临阳。今制、抚两台既倡于前，而余不能踵而创焉，其无乃于崇圣兴贤。"事有未备，会公迁川东宪副，适际内艰，遂寝其议。庚午冬，余谢摄临篆，奉调纂修，寓省。公以书来问祭器度数，余为按滇乘所载，吾乡王慕蓼先生厘定三品考条，悉以报。公遂出橐囊，鸠工庀材，募诸冶氏、匠氏、漆人、缋人，各以其职供事，制为祭器计若干。事以迫，庙中所需，罔不毕备。费之以锾计者，凡八百九十有奇。既竣事，索余纪其事，以示后。余谓公可谓得礼之本矣！夫礼以敬为本能，能敬则祭非具文，而器非徒设。公之备物将志，敬也；肩其费不以分人，恕也；迁其任而言必有终，信也；继首善以为诸郡倡议，义也。一事而数善备焉。夫敬，德之聚也。凡公之为政，设施视此矣！是不可不书，因纪。其器数另勒以示学宫，昭敬守也。

（康熙《建水州志》卷十八）

重建文昌宫碑记

康熙三十七年冬，余奉使督滇南学政，以承之残局，日不暇给。甫下车即考试临安，所得多赏心，士未尝不深叹其人之盛云。越明年，校迻西诸郡。返，再抵临安，行汇事也。时值七月中浣，博士弟子员俨然造焉，揖余而言曰：某等愿有请也，盖庠内文昌一祠，自元初规模壮阔，为临郡胜概。凡遇朔望，诸生各聚社，会文于此，衣冠杂遝，有槐市遗风焉。自明末毁于兵燹，鞠为茂草，历五十年所矣！是无以妥帝君之神，而且令诸生会文之无地也！

兹幸郡之前太守王公讳永羲，今太守董公讳弘毅，同刺史张公讳鼎昌，首倡捐俸协力重修，诸绅士亦竟相与劝勤之，讫可底续矣！奈未成一篑何，傥得惠邀赀助，无弃前功，实多士幸也。并祈为文以记其事，用且勒诸贞珉，垂示将来，俾后之人以无忘踵事焉，其可乎？余曰："唯唯。"因念自为诸生时，即虔奉帝君惟谨，今仰荷忝秀司文教，际此一方盛举，少效涓埃，是余之志也。其又敢惮管城之役，而固以不文辞乎？

余惟天地文明之运，自北而南；人文秀杰之气，随地而钟。盖河岳英灵，各抒其所蕴蓄，以发越于世。若百物之有菁华不可掩也。夫岂以今昔异，又或以远近殊哉。临虽僻处天末，诗书礼乐之教，声明文物之休，殆不少异中土。盖自元朝收附内地，历胜国以迄今，兹垂四百年，仁渐义摩之化，沦肌浃髓，以故风流大雅，代不乏人。其间勋名世业、彪炳汗青者，亦屈指不胜数。何一非山水之所孕毓、先圣之所式灵、而为帝君之所阴扶默祐者乎？然儒者先德行而后文艺，鄙祷祠而尚功名。今圣天子雅意作人，尊师重道，亘古无双。正文治昌明之日，诸生各自勤思砥砺，仰副前修帝君之灵，其必有以鉴之矣！监文之运，其将有进而益上者乎？余嘉诸生向学之志，而又乐贤太守与良刺史之克勤文治，能相与以有成也，于是乎书。

（民国《重修建水县志》卷十三）

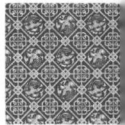

主要参考文献

一、史志

［1］陈肇奎. 康熙建水州志. 北京：中华书局，2018.

［2］陈文，李春龙. 景泰云南图经志书校注. 刘景毛校注. 昆明：云南民族出版社，2002.

［3］刘文征. 滇志. 昆明：云南教育出版社，1991.

［4］刘昫. 旧唐书（第04部）. 长沙：岳麓书社，1997.

［5］江燕，文明元. 新纂云南通志（八）. 王珏点校. 昆明：云南人民出版社，2007.

［6］司马迁. 史记. 北京：中华书局，1959.

［7］宋濂. 元史. 北京：中华书局，1976.

［8］张廷玉. 明史. 北京：中华书局，1974.

［9］刘景毛，文明元. 新纂云南通志（五）. 王珏等点校. 昆明：云南人民出版社，2007.

［10］张秀芬，王珏. 新纂云南通志（九）. 李春龙等点校. 昆明：云南人民出版社，2007.

［11］魏征编撰. 群书治要选注. 张超译注. 重庆：重庆出版社，2016.

［12］张无咎修，夏霓纂. 雍正临安府志.

［13］［意］马可·波罗（Polo，M.）. 马可波罗行纪. 冯承钧译. 呼和浩特：内蒙古人民出版社，2006.

二、资料汇编

［1］成一农. 古今图书集成·庙学资料汇编. 北京：中国社会科学出版社，2016.

［2］《中国新编地方志总目提要》编纂委员会. 中国新编地方志总目提要. 北京：方志出版社，2006.

［3］方国瑜. 云南史料丛刊（第1卷）. 昆明：云南人民出版社.1990.

［4］方国瑜. 云南史料丛刊（第7卷）. 昆明：云南大学出版社，2001.

［5］宫衍兴，王政玉. 孔庙诸神考：孔庙塑像资料编. 济南：山东友谊出版社，1994.

［6］建水文庙管理处. 建水文庙资料汇编（一）. 建水文庙管理处，1999.

［7］建水县政协文史资料委员会. 建水文史资料选辑（第2辑）.1991.

［8］建水县政协文史资料委员会. 建水文史资料选辑（第4辑）.1997.

［9］建水县政协文史资料委员会. 建水文史资料选辑（第6辑）.2000.

［10］建水县政协文史资料委员会. 建水文史资料选辑（第7辑）.2002.

［11］杨丰. 建水文庙文史资料汇编. 建水文庙管理处，2016.

［12］中国人民政协会议红河哈尼族彝族自治州委员会文史资料委员会. 红河州文史资料选辑（第10辑）.1989.

三、著作

［1］曾黎. 仪式的建构与表达：滇南建水祭孔仪式的文化与记忆. 成都：巴蜀书社，2012.

［2］陈华积，赵嘉璐. 各领风骚写青史 传记故事. 合肥：黄山书社，2016.

［3］寸云激，纳张元. 大理民族文化研究论丛（第5辑）. 北京：民族出版社，2012.

［4］董喜宁. 孔庙祭祀研究. 北京：中国社会科学出版社，2014.

［5］顾明远. 教育大辞典. 上海：上海教育出版社，1991.

［6］国家文物事业管理局. 中国名胜词典. 上海：上海辞书出版社，1981.

［7］红河哈尼族彝族自治州林业局. 红河哈尼族彝族自治州林业志. 昆明：云南大学出版社，1991.

［8］红河学院红河流域社会发展研究中心. 红河流域社会发展国际论坛首届国际学术研讨会论文集. 昆明：云南大学出版社，2006.

［9］红河州地方志办公室. 红河州年鉴2006. 昆明：云南大学出版社，2006.

［10］红河州文化局. 红河州文物志. 昆明：云南人民出版社，2007.

［11］黄绍祖. 颜子研究. 台北：正中书局，1977.

［12］黄伟宗，司徒尚纪. 中国珠江文化史（上）. 广州：广东教育出版社，2010.

［13］建水县地方志编纂委员会. 建水县志. 北京：中华书局，1994.

［14］孔祥林，孔喆. 世界孔子庙研究. 北京：中央编译出版社，2011.

［15］李国钧. 中华书法篆刻大辞典. 长沙：湖南教育出版社，1990.

［16］林超民. 西南古籍研究2011年. 昆明：云南大学出版社，2012.

［17］刘德增. 孔庙. 北京：华语教学出版社，1993.

［18］马有良. 云南教育大观. 南宁：广西民族出版社，1997.

［19］莫艺刚. 昭平文史. 政协广西昭平县委员会，2003.

［20］彭蓉. 中国孔庙建筑与环境. 郑州：中州古籍出版社，2011.

［21］钱仲联，傅璇琮，王运熙，章培恒，鲍克怡. 中国文学大辞典. 上海：上海辞书出版社，1997.

［22］孙大章. 中国古今建筑鉴赏辞典. 石家庄：河北教育出版社，1995.

［23］陶应昌. 云南历代各族作家. 昆明：云南民族出版社，1996.

［24］汪致敏、王保明. 建水文庙——开启滇南文明的圣殿. 昆明：云南美术出版社，2004.

［25］汪致敏. 建水文庙. 西安：西安地图出版社，2008.

［26］汪致敏，欧孝敏，杨涛. 建水文庙——一座名城的文化基石. 昆明：云南人民出版社，2018.

［27］王大方，张文芳. 草原金石录. 北京：文物山版社，2013.

［28］王大千. 中国儒学年鉴2011年（总第十一卷）. 济南：中国儒学年鉴社，2011.

［29］王铎，刘郁馥. 古往今来话中国·中国的古代建筑. 芜湖：安徽师范大学出版社，2012.

［30］王其钧. 中国建筑图解词典. 北京：机械工业出版社，2016.

［31］王蔚，梦溪. 论语注释及人物类编. 济南：山东大学出版社，2016.

[32] 王志民. 山东重要历史人物（第一卷）. 济南：山东人民出版社，2009.

[33] 寻霖，龚笃清. 湘人著述表（二）. 长沙：岳麓书社，2010.

[34] 杨丰. 建水史话. 昆明：云南人民出版社，2003.

[35] 杨丰. 建水文庙历代碑文选注. 建水县文庙管理处，2004.

[36] 于志伟. 新编红河风物志. 昆明：云南人民出版社，2000.

[37] 袁嘉谷. 袁嘉谷文集（第三卷）. 昆明：云南人民出版社，2001.

[38] 云南孔子学术研究会. 孔学研究（第17辑）. 昆明：云南人民出版社，2011.

[39] 云南日报理论部. 云南文史博览. 昆明：云南人民出版社，2003.

[40] 云南省红河哈尼族彝族自治州志编纂委员会. 红河哈尼族彝族自治州志（卷7）. 北京：生活·读书·新知三联书店，1995.

[41] 云南省建水第一中学校志编纂委员会. 云南省建水第一中学校志. 昆明：云南人民出版社，2007.

[42] 云南省少数民族古籍整理出版规划办公室. 云南民族口传非物质文化遗产总目提要 神话传说卷（下卷）. 昆明：云南教育出版社，2008.

[43] 云南省政协文史委员会. 云南文史资料选辑（第五十七辑）. 昆明：云南人民出版社，2001.

[44] 云南政协通志编纂委员会. 云南政协通志. 昆明：云南人民出版社，1997.

[45] 张澄国. 先秦吴越人物传. 苏州：古吴轩出版社，2016.

[46] 张岱年. 孔子百科辞典. 上海：上海辞书出版社，2010.

[47] 张岱年. 中国哲学大辞典. 上海：上海辞书出版社，2010.

[48] 张刚. 儒家族群思想在云南的影响与发展. 昆明：云南大学出版社，2014.

[49] 张文勋. 云南历代诗词选. 昆明：云南人民出版社，2002.

[50] 赵新良. 中华名祠 先祖崇拜的文化解读. 沈阳：辽宁人民出版社，2013.

[51] 中共中央党史研究室科研管理部. 全国重要革命遗址通览（第1册）. 北京：中共党史出版社，2013.

[52] 中共中央党史研究室科研管理部. 全国重要革命遗址通览（第3册）. 北京：中共党史出版社，2013.

[53] 中国营造学社. 中国营造学社汇刊（第六卷），中国营造学社，1935.

[54] 周洪宇. 创新与建设：教育史学科的重建. 武汉：华中科技大学出版社，2016.

[55] 郭娅. 中国教育活动通史 第4卷 宋辽金元. 济南：山东教育出版社，2017.

[56] 朱诚如. 清朝通史 乾隆朝分卷（下）. 北京：紫禁城出版社，2003.

[57] ［日］稻叶君山. 清朝全史（第二册）. 但焘译订. 上海：中华书局，1920.

四、论文

[1] 陈静波. 民国时期云南文庙调查资料选辑. 云南档案，2015（12）.

[2] 陈兴. 异域儒思——中国少数民族文庙发展概述. 建筑学报，2017（7）.

[3] 陈旸. 云南建水文庙的空间营造与审美意境. 河北工程大学学报：社会科学版，2016（4）.

[4] 陈悦，汪青梅. 近现代祭孔的困境及其衍变轨迹. 湖南大学学报：社会科学版，2017（4）.

[5] 邓凌雁. 空间与教化：文庙空间现象及其教育意蕴的生成. 河南大学学报：社会科学版，2017（5）.

[6] 董喜宁. 孔庙孔像考. 孔子研究，2011（4）.

[7] 范小平. 近现代中国孔庙在东亚及东南亚发展的历史及成因. 孔子研究，2003（1）.

[8] 房伟. 文庙祭祀与儒家道德信仰. 廊坊师范学院学报：社会科学版，2017（4）.

[9] 广少奎. 斯文在兹，教化之要——论文庙的历史沿革、功能梳辨及复兴之思. 河南大学学报：社会科学版，2017（5）.

[10] 洪晓丽. 文庙与儒家文化的传播——以建水文庙为例. 曲靖师范学院学报，2013（2）.

[11] 孔祥林. 中国和海外近邻文庙制度之比较. 孔子研究，2006（3）.

[12] 蓝日模，周洪宇. 学庙：地域文化交互中的特殊媒介——以桂越两地文庙为例. 教育科学，2017（3）.

[13] 李鸿渊. 孔庙泮池之文化寓意探析. 学术探索，2010（2）.

[14] 李纪祥. "孔庙世界"的存在本质. 长安大学学报：社会科学版，2016（2）.

[15] 廖国强. 文庙与儒家文化——以昆明地区文庙为例. 思想战线，2008（3）.

[16] 刘续兵. 从孔子"损益"思想看当代文庙释奠礼建构. 山东社会科学，2014（9）.

[17] 柳雯. 文庙在当代社会的利用对策研究. 人民论坛, 2011（23）.

[18] 骆承烈. 儒家文化的精神家园——孔庙. 孔子研究, 2007（2）.

[19] 马宁, 寿劲秋. 从中国传统儒家哲学审视文庙建筑遗产及其利用. 四川建筑科学研究,
　　　2015（3）.

[20] 沈旸, 宝璐. 明代庙学建制的"变"与"不变"：兼及国家权威的呈现方式. 建筑学
　　　报, 2018（5）.

[21] 沈旸. 泮池再论. 文物建筑, 2010（00）.

[22] 汤恩佳. 在云南建水文庙孔子大铜像揭幕式上的讲话. 孔子研究, 2001（00）.

[23] 王闯. 记忆之场：孔庙的传播特征及其纪念碑性. 新闻爱好者, 2018（4）.

[24] 王雷. 中国教育文物：内涵、分类与收藏. 河北师范大学学报：教育科学版, 2009（7）.

[25] 王美华. 庙学体制的构建、推行与唐宋地方的释奠礼仪. 社会科学, 2014（4）.

[26] 王慎, 王配. 文庙：儒家文化的象征——以宁远文庙为考察对象. 中华文化论坛,
　　　2017（8）.

[27] 王淑臣. 孔子祭祀古今考. 兰台世界, 2010（21）.

[28] 王英. 孔庙的美学文化意蕴. 艺术生活, 2013（2）.

[29] 文启明. 祭孔乐舞历史价值的再认识. 中国音乐学, 1999（2）.

[30] 肖竞, 曹珂. 明清地方文庙建筑布局与仪礼空间营造研究. 建筑学报, 2012（S2）.

[31] 新洲. 万将军与柏小姐. 云南林业, 2004（4）.

[32] 杨炳学. 变愚昧为文明的僻壤学府——建水文庙. 云南档案, 2004（6）.

[33] 杨莉. 文庙神圣性研究初探. 世界宗教文化, 2014（6）.

[34] 殷宗器. 建水文庙：中国最大的地方性文庙. 孔学研究, 2001（1）.

[35] 张兵娟, 王闯. 传播史上的孔庙祭祀礼制及其当代价值. 现代传播, 2018（1）.

[36] 张咏春. 与文庙释奠礼有关的"雅乐"和"俗乐". 人民音乐, 2015（1）.

[37] 赵国权, 周洪宇. 游走于传统与现代之间：对文庙再定位的几点思考. 河南大学学报：
　　　社会科学版, 2017（5）.

[38] 赵克生. 试论明代孔庙祀典的升降. 江西社会科学, 2004（6）.

[39] 赵强. 孔庙塑像与佛教造像. 中学历史教学参考, 2015（11）.

[40] 赵永翔. 尊经以明伦: 明代儒学尊经阁的隐喻. 孔子研究, 2015（3）.

[41] 周洪宇, 赵国权. 文庙学: 一门值得深入探究的新兴"学问". 江汉论坛, 2016（5）.

[42] 周洪宇. "文庙文化传承功能"专题研究. 河南大学学报: 社会科学版, 2017（5）.

[43] 周俊玲. 论教育遗产的文化价值及其保护利用. 西北大学学报: 哲学社会科学版, 2015（1）.

五、硕博论文

[1] 董喜宁. 孔庙祭祀研究. 湖南大学博士学位论文, 2011.

[2] 彭蓉. 中国孔庙研究初探. 北京林业大学博士学位论文, 2008.

[3] 田增志. 文化传承中的教育空间与教育仪式. 中央民族大学博士学位论文, 2010.

[4] 吴霁霁. "孔子文化走向世界"问题研究. 曲阜师范大学博士学位论文, 2014.

六、其他

[1] 曾黎. 滇南建水多元宗教和谐共存的历史格局. 民族时报, 2017-07-05.

[2] 习近平. 在纪念孔子诞辰2565周年国际学术研讨会暨国际儒学联合会第五届会员大会开幕会上的讲话. 人民日报, 2014-09-24.

后记

　　得天时地利之和，大理作为国家历史文化名城，其古城正中便有一座文庙。大理文庙多年来一直作为大理文化馆、图书馆的办公场馆及广大市民开展文化活动、休闲娱乐的公共场所。十多年前，我到大理工作，曾一个人到大理文庙看过白族文化表演，还与朋友一起在大理文庙的露天茶室喝茶聊天，后来一家人带着尚不会走路的小儿然然到文庙的树荫石凳上歇脚。如今，如若在大理古城，只需几步路，便可从热闹繁忙的复兴路转入大理文庙。文庙内古树苍翠，建筑宏敞，醇厚的儒家文化气息扑面而来，瞬间洗却喧嚣而归于宁静、沉思，这让我对文庙有了新的认识与感悟。

　　机缘巧合，2016年9月，我有幸投奔到中国教育学会副会长、华中师范大学教育学院教授周洪宇先生门下攻读博士学位。其时恰逢洪宇老师正担纲总主编，组织一批学者撰写"中国文庙研究丛书"。在洪宇老师的鼓励和鞭策下，我选了云南的建水文庙作为研究、写作的对象。此后，洪宇老师还为我提供了一批研究建水文庙的书籍资料，经常督促关心我的写作进度，提出诸多中肯而专业、视野宏广的写作建议，学生由衷地领悟到师者之仁心与学养深厚的内涵！

2017年3月，我在返回武汉求学的途中，到建水文庙进行了细致考察，拍照、记录、搜集资料。这里还有一段小插曲。建水文庙的部分建筑及土地在建水一中从文庙迁出办学时，被划入建水一中校园。为看到建水文庙的全貌，需要到建水一中一探究竟。我跟建水一中门卫出示了我的证件，并表明来意，费尽口舌，门卫却执意不让进校。想尽各种办法，折腾了一个下午，最后幸得在建水曲江中学工作的本科老同学李翠芬的帮助，联系到建水一中的一位老师，亲自到大门口将我接进了学校，终于看到了被隔在建水文庙外的西明伦堂和"万将军抱柏小姐"的古树奇观。建水一中图书馆蔡顺莉馆长听说了我的来意之后，热情接待，还赠送给我《云南省建水第一中学校志》《九十珠玑——云南省建水第一中学大事记》两本书，为我深入认识建水文庙与滇南地区文教发展的关系提供了宝贵材料。第二天一早，我赶到建水县图书馆查阅史料，工作人员认真负责地为我提供了需要查阅的文献资料。后来，我又到与建水文庙仅一街之隔的提督学政考棚仔细考察了一番。明清时期云南省最高教育行政长官（云南提督学政）定期到此，是集中滇南片区的临安、元江、开化（今文山）、普洱四府学子举行院试的场所，建筑保存完好，是研究西南地区古代科举制度的绝佳实物遗存。进入学政考棚的考场，眼前便浮现出古代学子正参加科举考试、奋笔疾书的场景。在建水停留了四天，我对临安古镇及建水文庙的悠久历史、厚重文化有了更深入的认知与理解，随后便步入漫漫写作之路。因攻读博士学位，加之中途不断有新的任务或琐事，撰写过程断断续续。丛书副总主编赵国权教授恰逢其时地提醒、敦促，并针对书稿提出全面、细致而专业的意见。我也借机变压力为动力，见缝插针地写，滴水穿石，积少成多，历时四年半完稿。后又数易其稿，不断地修改完善，最终得以定稿。2019年10月，恰逢新中国成立七十周年，我趁到个旧探望病中的岳父之机，带着一家人再次到建水文庙，补拍了一些照片，对写作中感觉不太清楚的地方做了进一步确认，还有幸见到了建水文庙古乐队队长孙本义先生，向他请教并索取了部分祭孔洞经音乐的资料。后来，建水文庙活动部郭秀红女士协助我取得了一批建水文庙图片的使用授权。我还利用开会、调研等外出间隙，考察了北京孔庙、北京国子监、南京夫子庙、岳阳文庙、南昌文庙、昆明文庙、下关文庙、宾川文庙、洱源文庙、鹤庆文庙、通海文庙、石屏文庙、腾冲文庙、曲阜孔庙等，对中国文庙的发展史及其在中华传统文化中的地位及价值有了更深切的体会。写作过程尽管漫长，但也意趣横生。建水文庙的历史及相关人物的故事纵贯古今社会变迁，在中国悠久的历史长河中流淌向前，时而舒缓，时而奔涌，时而沉静。每每读到新的文庙史料或历史人物的独特经历，内心都会为之一震，感叹人物的命运轮回及中国历史文化的绵长博大、中国历史进程的曲折坎坷，惊叹中华文化自强不息的精神与品质。欣赏流连之余，愈深感吾辈要时怀忧患意识，不断进取，方能保持优秀传统文化的可持续传承与发展。

本书在写作过程中，除获得周洪宇教授、赵国权教授的指导与帮助外，还得到了华中师范大学教育学院申国昌教授、王建梁教授，大理大学文学院纳张元教授、那茂菊教授，云南师范大学张承明教授等专家学者的关心与指点。那茂菊教授还为我提供了大理文庙和洱源文庙的楹联及图片。我在武汉桂子山之时，2007级学生李伍善专程到大理文庙帮我拍摄照片，核对辨认文字。山东教育出版社苏文静、董丁两位编辑为本书的编校付出大量心血，他们的专业精神令人敬佩。亦感受到诸多师友、同门及同学的关切，与邓凌雁、黄亚栋、王配、侯耿耿、胡佳新等同门博士的交流探讨，为我提供了新的信息与想法。本书撰写过程中参考借鉴过诸多专家学者如杨丰、汪致敏、孔祥林、孔喆、曾黎、彭蓉等研究建水文庙的著述与观点，虽未谋面，但通过研读他们的文字，仿佛神交已久。妻子、母亲及岳父母轮流承担了所有的家务，让我能静心写作。从接手建水文庙的任务到完稿，小儿然然不知不觉已从幼儿园升至小学三年级，今年元宵节前一天，女儿沉沉也如约而至，兄妹俩带给我的童趣、欢愉与思念，是写作不竭的动力之源。侄子张宸为我整理校对了一部分史料。没有亲人们在背后的默默支持与付出，没有师友的交流与督促，很难想象能按期完成此书的写作。尽管《建水文庙研究》一书已付梓，但因时间仓促，积累有限，书中难免有不完备乃至错漏之处，敬请各位方家批评指正，今后若有机会修订再进一步完善。

付　睿

2020年12月20日于大理

2021年5月16日修改

图书在版编目（CIP）数据

建水文庙研究 / 付睿著 . —济南：山东教育出版社，2021.10
（中国文庙研究丛书 / 周洪宇总主编）
ISBN 978-7-5701-1629-4

I. ①建… II. ①付… III. ①孔庙—研究—建水县 IV. ① K928.75

中国版本图书馆 CIP 数据核字 (2021) 第 056520 号

SERIES OF STUDIES
ON
CHINESE
CONFUCIUS
TEMPLES

中国文庙研究丛书

A
STUDY
ON
JIANSHUI
CONFUCIUS
TEMPLE

建水文庙研究

付 睿 著

选题策划：蒋 伟 苏文静
责任编辑：苏文静 董 丁
责任校对：任军芳
装帧设计：姜海涛

主管单位：山东出版传媒股份有限公司
出 版 人：刘东杰
出版发行：山东教育出版社

地 址：济南市市中区二环南路 2066 号 4 区 1 号
邮 编：250003
电 话：(0531) 82092660
网 址：www.sjs.com.cn

印 刷：山东临沂新华印刷物流集团有限责任公司
开 本：720 毫米 ×1020 毫米 1/16
印 张：17.75
字 数：227 千
版 次：2021 年 10 月第 1 版
印 次：2021 年 10 月第 1 次印刷
印 数：1—2000
定 价：79.00 元

如印装质量有问题，请与印刷厂联系调换，电话：0539-2925659